ANDY **FRASURE**
COM PARTICIPAÇÃO DE KÉSIA SCHMITT **FRASURE**

SEU LUGAR À MESA DE DEUS PAI

SEU LUGAR À MESA DE DEUS PAI

Autor:
Andy Frasure
Késia Schimitt Frasure

Tradução:
Karla Melo

Revisão:
Rached Cavalcanti
Késia Schmitt Frasure
JS Editorial

Arte de Capa:
Micael Mello

Diagramação:
Murilo Tomas

Diretor Executivo/editorial:
Márcio Vargas

Diretor de Operações:
Dênio Lara Jr

SEU LUGAR À MESA DE DEUS PAI

As referências bíblicas foram extraídas da versão The Passion em inglês e traduzidas para o português.

EDITORA PLURAL
CNPJ 27.400.692/0001-48

instagram: @editoraplural
editoraplural@outlook.com
www.editoraplural.com

Dados Internacionais de Catalogação na Publicação (CIP)
(Câmara Brasileira do Livro, SP, Brasil)

Frasure, Andy
Seu lugar à mesa de Deus Pai / Andy Frasure ; com participação de Késia Schimitt Frasure. -- 1. ed. -- São Paulo : Editora Plural, 2024.

ISBN 978-65-982397-4-9

1. Cura pela fé 2. Deus (Cristianismo) - Amor 3. Paternidade (Teologia cristã) 4. Paternidade - Aspectos religiosos - Cristianismo 5. Vida espiritual - Cristianismo I. Frasure, Késia Schimitt. II. Título.

24-210935 CDD-248.842

Índices para catálogo sistemático:

1. Paternidade e masculinidade : Cristianismo 248.842

Aline Graziele Benitez - Bibliotecária - CRB-1/3129

ANDY **FRASURE**
COM PARTICIPAÇÃO DE KÉSIA SCHMITT **FRASURE**

SEU LUGAR À MESA DE DEUS PAI

DEUS PAI

Dedicatória

Quero dedicar este livro ao meu filho Ben Judah. Meu desejo é que, ao me tornar o melhor filho que puder, eu também me torne o melhor pai e exemplo para você. Minha oração é que você sempre siga Jesus e sempre se sente à mesa que o Pai preparou para você.

Obrigado por me fazer pai e poder e aprender o que é amor.

As batalhas que eu venci não precisarão serem as suas! Você é livre para viver viver o destino que Deus Pai tem para você

Agradecimento

Quero agradecer à minha esposa Késia por seu trabalho árduo ao escrever este livro comigo e editá-lo para mim.

Seu amor e sua parceria na vida e no ministério são incomparáveis.

Carta de amor do Pai

Meu filho,

Você pode não me conhecer, mas eu sei tudo sobre você *(Sl 139:1)*. Eu sei quando você se senta e quando você se levanta *(Sl 139:2)*. Estou familiarizado com todos os teus caminhos *(Sl 139:3)*. Até os cabelos da sua cabeça estão contados *(Mt 10:29-31)*. Pois você foi feito à minha imagem *(Gn 1:27)*.

Em mim você vive, se move e tem o teu ser *(At 17:28)*. Pois você é minha descendência *(At 17:28)*. Eu te conheci antes mesmo de você ser concebido *(Jr 1:4-5)*. Eu escolhi você quando planejei a criação *(Ef 1:11-12)*. Você não foi um erro, pois todos os seus dias estão escritos em meu livro *(Sl 139:15-16)*.

Determinei a hora exata do seu nascimento e onde você moraria *(At 17:26)*. Você foi feito de maneira assombrosamente maravilhosa *(Sl 139:14)*. Eu te juntei no ventre de sua mãe *(Sl 139:13)*. E te trouxe no dia em que você nasceu *(Sl 71:6)*.

Fui mal interpretado por quem não me conhece *(Jo 8:41-44)*. Não estou distante e zangado, mas sou a expressão completa do amor *(1Jo 4:16)*. E é meu desejo esbanjar meu amor por você *(1Jo 3:1)*. Simplesmente porque você é meu filho e eu sou seu pai *(1Jo 3:1)*. Ofereço-lhe mais do que seu pai terreno jamais poderia oferecer *(Mt 7:11)*. Pois eu sou o pai perfeito *(Mt 5:48)*.

Todo bom presente que você recebe vem da minha mão *(Tg 1:17)*. Pois eu sou seu provedor e atendo todas as suas necessidades *(Mt 6:31-33)*. Meu plano para o seu futuro sempre foi cheio de esperança *(Jr 29:11)*. Porque eu te amo com um amor eterno *(Jr 31:3)*.

Meus pensamentos em relação a você são incontáveis como a areia da praia *(Sl 139:17-18)*. E eu me alegro por você cantando *(Sf 3:17)*. Jamais deixarei de fazer o bem a você *(Jr 32:40)*. Pois você é meu bem precioso *(Êx 19:5)*. Desejo estabelecer você com todo meu coração e toda minha alma *(Jr 32:41)*. E quero mostrar-te coisas grandes e maravilhosas *(Jr 33:3)*.

Se você me procurar de todo o coração, você me encontrará *(Dt 4:29)*. Deleite-se em mim e eu lhe darei os desejos do seu coração *(Sl 37:4)*. Pois fui eu quem lhe deu esses desejos *(Fp 2:13)*. Sou capaz de fazer mais por você do que você poderia imaginar *(Ef 3:20)*. Pois eu sou o seu maior encorajador *(2Ts 2:16-17)*. Eu também sou o Pai que o conforta em todos os seus problemas *(2Co 1:3-4)*.

Quando você está com o coração partido, estou perto de você *(Sl 34:18)*. Como um pastor carrega um cordeiro, eu carreguei você perto do meu coração *(Is 40:11)*. Um dia enxugarei cada lágrima dos seus olhos *(Ap 21:3-4)*. E tirarei toda a dor que você sofreu nessa terra *(Ap 21:3-4)*.

Eu sou seu Pai e amo você assim como amo meu filho, Jesus *(Jo 17:23)*. Pois em Jesus é revelado meu amor por você *(Jo 17:26)*. Ele é a representação exata do meu ser *(Hb 1:3)*. Ele veio demonstrar que estou a seu favor, não contra você *(Rm 8:31)*. E para lhe dizer que não estou contando seus pecados *(2Co 5:18-19)*. Jesus morreu para que você e eu pudéssemos nos reconciliar *(2Co 5:18-19)*.

Sua morte foi a expressão máxima do meu amor por você *(1Jo 4:10)*. Desisti de tudo que amava para poder ganhar o seu amor *(Rm 8:31-32)*. Se você receber o presente do meu filho Jesus, você me recebe *(1Jo 2:23)*. E nada jamais separará você do meu amor novamente *(Rm 8:38-39)*.

Venha para casa e farei a maior festa que o céu já viu *(Lc 15:7).* Sempre fui Pai e sempre serei Pai *(Ef 3:14-15).* Minha pergunta é: Você será meu filho *(Jo 1:12-13)?* Estou esperando por você *(Lc 15:11-32)...*

Com amor, seu Pai. Deus todo poderoso.

SUMÁRIO

Introdução

A vulnerabilidade pública é assustadora, pois revela fraquezas que não queremos expor, porque preferimos parecer fortes por fora do que revelar que temos nossos desafios pessoais e internos. No entanto, a verdade é que todos nós lutamos contra coisas semelhantes. Todos nós temos medos, inseguranças e coisas de que não gostamos dentro de nós, e estas nos impedem de viver a vida que desejamos viver.

O medo é outro fator na vida; especificamente, o medo dos homens é exatamente o que nos impede de viver uma vida vitoriosa em Cristo e de ajudar os outros a superar seus desafios. Vivemos nossas vidas com tantos pensamentos e energias desperdiçados no que os outros pensam de nós em vez de vivermos a partir da liberdade que Deus nos deu. Porém, o que superamos na vida torna-se um testemunho para outros também superarem. É por isso que estou tão confiante em compartilhar minhas batalhas e inseguranças pessoais aqui com você, porque sei que a liberdade que Deus me deu trará liberdade para outros também. Minhas vitórias e meus fracassos não mudam o que o Deus Pai acredita sobre mim e minha identidade de ser Seu filho. Assim como minhas experiências não são minha identidade e não me definem.

A Bíblia diz que o inimigo tem um objetivo: "matar, roubar e destruir". Ele faz isso de maneiras diferentes, mas por causa da nossa dor, nossos traumas e medos, muitas vezes ele nem precisa se esforçar tanto para tal.

Na verdade, se for dado tempo para que as sementes da insegurança e da dor plantadas na nossa infância e juventude cresçam, elas amadurecem e se transformam em padrões destrutivos que podem destruir completamente as nossas vidas.

Sem o poder curador de Deus, simplesmente permitimos que aquilo que está quebrado dentro de nós e a dor liderem e governem as nossas vidas em vez de vivermos de acordo com a vontade de Deus. Vamos autossabotar nosso relacionamento com Deus Pai, conosco e em nossos outros relacionamentos.

Meu maior desejo é que, através de minha transparência e vulnerabilidade neste livro, eu lhe ajude a superar a rejeição que vivenciou em sua vida e, também, a curar o espírito de órfão dentro de nós, e que juntos encontremos as belezas profundas do amor do Pai. Seu amor por nós não se baseia em nosso desempenho ou em nossa performance, mas Ele nos ama porque somos sua criação. Tudo diz respeito ao Pai, e Ele usa tudo o que permitimos que Ele use para nos levar de volta a Ele.

Eu estou nesta jornada ao seu lado, você não está sozinho aqui. Esta é uma jornada de liberdade e crescimento contínuos, uma jornada de descoberta de quem Deus Pai nos criou para ser e de caminhar na verdade e na autoridade que Ele deu a cada um de nós. Sempre tem mais! Nunca é fácil, o caminho às vezes pode parecer longo e impossível, mas a nossa transformação sempre vale o esforço intencional para alcançar o que o Deus Pai prometeu a cada um de nós.

O DIA EM QUE IDENTIFIQUEI O PROBLEMA

Minha esposa e eu estávamos casados há três anos quando comecei a escrever este livro. Na verdade, naquela época, tínhamos acabado de descobrir que estávamos esperando o nosso primeiro filho. Pode parecer apropriado que eu começasse este livro sobre paternidade quase no mesmo dia em que descobri que também seria pai. Nada prepara você para ser pai, a paternidade em si é uma jornada para aprender o que funciona e o que não funciona. A vida é uma incrível jornada de descobertas, e sempre há algo para aprender.

A vida é uma aventura incrível quando a olhamos com um filtro limpo e funcional. Mas a maioria de nós tem um filtro, ou seja, nossas lentes estão distorcidas por causa de como a vida nos feriu, por conta das experiências e pelos significados demos a eles, de como as coisas nos foram tiradas, como os sonhos não funcionaram para nós e pela dor de tudo isso. Eu diria que muitas pessoas olham através da lente de "não sou suficiente", "não sou merecedor", "sou um cidadão de segunda classe", as quais são situações totalmente disfuncionais e distorcidas diante da vida. E é com essa lente que interagimos com as pessoas, que agimos no nosso trabalho, nas nossas famílias, e é também com ela que nos aproximamos e interagimos com Deus Pai.

Deus começou a falar comigo sobre este livro a partir de uma experiência que tive em 2018. Foi uma experiência um tanto vergonhosa e frustrante, que ninguém jamais saberia, a menos que eu a compartilhasse aqui publicamente. Não foi algo que aconteceu do lado de fora, mas sim um movimento disfuncional que aconteceu e que saiu de dentro do meu coração.

Como pastor, aprendi que as maiores batalhas das pessoas não são aquelas que são vistas externamente, mas sim aquelas que são travadas internamente.

Lembro que, nesse dia, percebi que precisava fazer algo a respeito de uma raiz de rejeição que estava dentro do meu coração, pois ela era a causa de eu ter feito movimentos de autossabotagem em minha vida por muitas vezes. Era novembro de 2018, e um ano antes eu tinha acabado de me mudar para o Brasil. Minha esposa Késia e eu estávamos participando e ministrando em nossa conferência de jovens, chamada Lighthouse, na igreja do meu sogro, Comunidade Cristã de Lages. Naquele dia, havia um pregador bem conhecido que tinha chegado na nossa cidade, Florianópolis. Então, o levamos para a conferência para estar com nossa família e com nossa igreja, em Lages.

Ele é um pastor bem conhecido no Brasil, Deus o tem usado poderosamente para impactar nossa nação e o mundo. Se eu mencionasse o nome dele, você provavelmente o conheceria. Ele chegou de manhã, ministraria à tarde, e então, após o culto da noite na conferência, alguém o levaria de volta para Florianópolis.

Ao chegarmos, ele logo subiu para ministrar. Foi uma mensagem poderosa e impactante para os jovens. Enquanto ele terminava sua mensagem, eu sabia que o pregador e o discípulo que ele trouxe precisariam guardar todos os seus livros e colocá-los no carro para partir. Eles tinham uma viagem de três horas de volta a Florianópolis para pegar o avião. Resolvi, então, voltar ao fundo da sala para ajudar o assistente dele a guardar os livros e organizar tudo. Ouvi o meu sogro me chamar no palco, onde minha esposa, meus cunhados e todos os outros pastores da igreja me esperavam na frente do palco com o intuito de orarmos por este homem antes de ele partir.

Do fundo da sala, pude ver que minha esposa estava olhando ao redor, esperando que eu subisse e orasse com o resto da minha família e os líderes da igreja. Havia mais de quatrocentas pessoas na sala, e eu estava parado no fundo da sala tentando não ser visto por ela. Logicamente, eu sabia que meu lugar era naquele palco, orando com eles por aquele homem. Eles eram minha família e, também, parte do meu chamado. Entretanto, algo estava me impedindo de ocupar meu lugar em nossa família, meu lugar naquele palco, meu lugar na igreja e meu lugar no Reino de Deus. Algo me manteve paralisado no fundo daquela sala, incapaz de chegar à frente.

Lá, escondido dentro de mim, onde ninguém podia ver, estava uma mentira enterrada no fundo da minha alma que me paralisou mais uma vez. Foi uma mentira bem familiar, e essa não foi a primeira vez que ela sabotou o meu lugar à mesa com outros líderes. Era a mentira que gritava do fundo da minha alma: "Andy, você não é suficiente para estar naquele palco"; "Você não pertence à mesa com todo mundo"; "Você não pertence". Essa mentira me paralisou, porque acreditei nela por muito tempo e a havia fortalecido por toda minha vida.

Fiquei paralisado, incapaz de ocupar meu lugar. Eu sabia que deveria estar naquele palco orando por aquele homem, mas não consegui subir até lá. Eu sabia, logicamente, que meu lugar era ali, afinal, eu era um líder naquela igreja. Mesmo assim, eu não me sentia digno de ter meu lugar ali; na verdade, me sentia indigno, insuficiente, de segunda classe. Eu senti como se eu não pertencesse àquele lugar. Ai! Você se identifica com isso? Com essa sensação de que você não pertence, que não é digno?

Quantas vezes você já se viu fugindo do lugar onde Deus o posicionou para pertencer? Quantos relacionamentos você sabotou por causa das mentiras que acreditou em sua vida? Quantas vezes...

Assim que terminaram de orar, todos o abraçaram e começaram a sair do palco juntos, e foi então que a fase dois desse padrão familiar apareceu. É aí que começa a vergonha e a autodestruição internas. Deixei cair os ombros e a cabeça ao sentir o grande peso da vergonha de não superar esse padrão mais uma vez. Começo a falar comigo mesmo, destruindo-me por ser "um covarde", por me sentir "uma fraude e um rejeitado", por não ser capaz de chegar ao lugar onde sabia que eu precisava estar. Mais uma vez, Andy sabotaria seu lugar.

Foi nesse momento que percebi que algo a mais aconteceu. Senti como se Deus tivesse me ajudado a identificar com clareza o que se passava dentro de mim, e agora que eu tinha clareza sobre qual era o problema, poderia começar a buscar uma solução para tal. Isto é o que um bom Pai faz: Ele permite que as coisas aconteçam conosco para revelar e trazer à luz o que precisa mudar em nós.

Essa mentira era uma das maiores, senão a maior da minha vida. Não foi apenas uma mentira que influenciou minha vida naquele dia, mas sim uma mentira que dirigiu e conduziu minha vida. Quantas vezes essa mentira me impediu de estar em palcos, em grupos, de criar amigos, novas oportunidades de negócios, de prosperar na vida e nos relacionamentos, de realmente aproveitar e me divertir... Essa mentira governou e dominou aspectos da minha vida, e até aquele momento eu me senti sem esperança de identificá-la.

Mas, agora que a identifiquei, não estava mais escondido! Deus trouxe isso à luz, e a partir de então eu poderia começar a jornada para acabar com essa mentira, um falso conceito dentro de mim, e avançar para a verdade de Deus Pai. Mas como eu faria isso? Por onde eu começaria?

> **É fácil fazer mudanças externas na vida, mas as mudanças internas sempre exigem mais trabalho. A realidade era que ninguém na sala estava me impedindo de ocupar meu lugar de direito ao lado deste homem de Deus e da minha família.**

O diabo não estava me impedindo, Deus não estava me impedindo, apenas a mentira que eu estava alimentando estava me afastando do destino dado por Deus. Mudar nossas lentes distorcidas, um sistema de crenças, nunca é fácil, pois é sempre um processo de destruição de conceitos e uma reconstrução de nosso verdadeiro eu e da vida.

Mais uma vez pensei: "Quantas vezes essa mentira me tirou de lugares de influência e honra? Quantas vezes essa mentira me impediu de receber as promessas de Deus? Quantos relacionamentos com amigos e mentores em potencial eu perdi por causa dessa mentira? De quantas mesas me retirei porque me sentia indigno de me sentar com outros grandes líderes, homens de Deus e pessoas de influência?".

Foi então que senti como se Deus tivesse colocado este livro em meu coração, e com ele a verdade de que, mesmo que eu não sinta que posso e que tenha acesso, sempre tenho um lugar à mesa de Deus Pai – e você também. Embora isso seja verdade, eu precisava embarcar em uma jornada de cura para torná-la uma verdade pela qual eu realmente viveria.

Devo perguntar novamente: quantas vezes as mentiras nas quais você acredita o impediram de comparecer às mesas em que Deus lhe deu um lugar, inclusive a Dele?

Com o problema agora identificado, iniciei o processo de cura e transformação. Com o passar do tempo, comecei a ter pequenas vitórias pelo meu valor pessoal e pelo meu merecimento. Comecei a me encontrar nas mesas e nos lugares para os quais Deus havia me chamado, e aos poucos comecei a acreditar que era suficientemente digno de estar ali. Comecei a acreditar na Sua verdade sobre minha vida e a descobrir não apenas minha voz e meu valor, mas meu propósito no corpo de Cristo a partir de minha verdadeira identidade.

As mentiras do inimigo estão sempre aí para limitar o cumprimento do seu propósito no corpo de Cristo.

Foi através desse processo que este livro nasceu, não por meio da teoria ou simples estudo, mas pela dor de ter que enfrentar aquilo que me roubava. Tive de fazê-lo insistentemente. Aprendi a ser vulnerável com as pessoas. Aprendi a ser vulnerável com Deus. Tudo isso ainda é um processo no qual estou caminhando, assumindo a identidade de filho que Deus Pai me chamou para ser. Anos de transformação em andamento a partir de uma experiência vergonhosa que Deus usou para descobrir um problema profundamente enraizado e inconsciente dentro de mim. A transformação é contínua, e é de glória em glória, até ser dia perfeito!

Quero deixar algo para você enquanto iniciamos esta jornada juntos, porque acredito que esperança e incentivo são as maiores coisas que precisamos em uma jornada como esta.

Na verdade, precisamos ter esperança de que as coisas sejam possíveis, precisamos ser estimulados a recomeçar e também careceremos de encorajamento ao longo da jornada. Eu desejo acrescentar a você esperança, estímulo ao recomeço e encorajamento até o fim de sua jornada.

Anos atrás, um homem chamado Darren Wilson lançou um documentário chamado "Father of Lights" (Pai das Luzes). É absolutamente extraordinário, e eu recomendo fortemente que você o assista. No documentário, ele acompanha diferentes evangelistas e outros homens e mulheres de Deus para verem por si mesmos que Deus Pai pode fazer milagres na vida das pessoas ao redor do mundo. Ele é baseado neste versículo: "Toda boa dádiva e todo dom perfeito vêm do alto, descendo do Pai das luzes, em quem não há variação ou sombra devido à mudança". Tiago 1:17-18

Nesse documentário, há um homem chamado Reinhard Bonnke, que era um grande homem de Deus e ganhou mais de cem milhões de almas para Jesus no continente africano antes de sua morte em 2019. Jesus disse que faríamos coisas maiores do que Ele porque Ele estava voltando para o Pai.

Reinhard era um alemão que falava inglês, mas com um sotaque alemão profundo que você nunca esquece. Ele sempre foi um dos maiores evangelistas que me inspirou a trazer as pessoas para o Reino de Deus, pregando o evangelho poderoso de Jesus Cristo!

Perto do final do documentário, Reinhard diz esta frase, que marcou minha vida para sempre e me traz às lágrimas quase toda vez que o ouço dizê-la. Ele diz:

"Em todas as outras religiões do mundo, seus deuses lhes pedem que preparem uma mesa para eles, mas o Deus de Israel, Jesus Cristo, é o único Deus e Pai que prepara uma mesa para nós e nos convida a sentar-nos nela com Ele."

Ele lhe dá as boas-vindas porque você é digno de sentar-se à Sua mesa. Esse é o convite dEle para começar a caminhar em direção ao assento que seu Pai preparou para você.

capítulo 01

As mentiras começam quando a dor começa

"As memórias de infância são fios da nossa alma."
Autor Desconhecido

TUDO TEM UM COMEÇO

Tenho que construir um contexto para você com base em minhas experiências trabalhando com pessoas na área de cura interior, mas, o mais importante, por meio de minhas experiências pessoais também. Minhas histórias e experiências não são teorias que aprendi em alguma escola; na verdade, são pessoais, íntimas e muito vulneráveis. Nunca pensei que compartilharia algumas dessas coisas com o mundo, todavia, sei que o que Deus Pai fez em minha vida e me ensinou, também trará cura e transformação à sua vida.

Quando temos um sistema de crenças limitantes, como as mentiras em que acreditamos e que transformamos em nossas verdades, precisamos chegar à raiz do motivo pelo quais elas existem. Quais são suas primeiras experiências e bagagens que vivenciou e recebeu na família, nos relacionamentos, no sexo e em outras áreas? Quase todas as pessoas que passaram por traumas, rejeição, situações de medo, entre outras coisas, passaram por isso na infância. Minhas primeiras experiências com a rejeição, a sensação de insuficiência, a percepção de meu valor e respeito próprio estão enraizadas em meus traumas de infância.

Eu, assim como muitos de nossa geração, tive vários tipos de traumas – e em todas as fases da minha vida. O diabo usa esses eventos porque quer nos manter presos em traumas e atrapalhar cada fase de nossas vidas. Seu objetivo é matar, roubar e destruir; e o trauma é como um cheiro bem fedorento que não conseguimos remover.

Essa é exatamente a mentira em que ele quer que você acredite: "você é muito ferido e magoado para que Deus Pai se conecte a você e o use".

O objetivo do trauma é mantê-lo preso à tristeza, à ansiedade e até à depressão, para que possa afastá-lo dos propósitos e planos de Deus para sua vida. Cada trauma, cada dor em nossas vidas, gera um significado, ou seja, uma crença que normalmente se torna uma mentira em nossa vida.

Nossa geração é a geração mais traumatizada que já existiu. Se falarmos apenas de trauma sexual, as estatísticas dizem que uma em cada quatro mulheres foi abusada sexualmente; e um em cada cinco homens também. Isso significa que pelo menos 20% das pessoas no planeta foram abusadas sexualmente.

Pessoalmente, acredito que essa estatística seja ainda maior do que as pessoas relatam. Pelo menos posso dizer que abusos que vivenciei nunca foram denunciados e fazem parte de alguma pesquisa, até onde eu saiba. É importante notar que isso não inclui outros tipos de traumas que acontecem em nossas vidas, como os de violência, vários tipos de abuso infantil, abuso conjugal, guerra etc. Essa estatística concentra-se apenas no abuso sexual.

Os traumas que mais impactam nossas vidas acontecem em nossa infância e juventude, quando nosso cérebro ainda está em formação e nossa visão de mundo está sendo moldada. Quando eu tinha entre doze e treze anos, morávamos no Havaí. Todo mundo pensa que o Havaí é o lugar dos sonhos para se viver, mas a realidade é diferente das praias de areia branca e dos lindos hotéis e resorts que os turistas veem. A realidade para uma família branca de baixa renda no Havaí não era tão bonita.

Meu pai era pastor, mas também trabalhou em tempo integral para sustentar nossa família. Minha mãe também trabalhou em tempo integral durante a maior parte da minha vida. Meu irmão e eu também trabalhávamos ao lado de nossa mãe nas manhãs de domingo, antes da igreja, vendendo jornais no semáforo em Kaneohe, enquanto meu pai se preparava para ir à igreja. Eu também ajudei minha mãe a colocar e organizar sacos de batata frita, às 2 da manhã, em várias lojas em nosso estado, incluindo a base militar de Kaneohe, a mesma base onde mais tarde eu frequentaria a famosa escola de atiradores de elite do Corpo de Fuzileiros Navais e me formaria para me tornar um atirador de elite - sniper.

Ao crescer como uma criança branca ou "Ha'ole",[1] como nos chamam no Havaí, experimentei bastante racismo na verdade. Lembro-me de ter aprendido na escola como o

---

1 Haole é um termo havaiano para indivíduos que não são nativos havaianos. No Havaí, pode significar qualquer estrangeiro. Aplicado, principalmente, a pessoas de origem europeia. [N. do R.]

"homem branco" roubou as ilhas havaianas e de alguma forma meus colegas pensaram que a culpa fosse minha e da minha família. Lembro-me de ser uma das poucas crianças brancas da minha escola, todos os outros eram uma mistura de havaianos, asiáticos ou algum outro tipo de polinésio.

Se você vem de uma família pobre, não percebe que está perdendo algumas das coisas normais e essenciais que outras crianças normalmente têm. Meus pais deram o melhor de si, mas na verdade não foi o suficiente para nos sustentar. Dívidas de cartão de crédito e problemas financeiros são comuns para a classe baixa e eram normais para nós. As crianças sabem quando falta e, mesmo que eu não notasse nada diferente, sempre senti que éramos diferentes. Sempre pensei: "Por que Deus parecia prover para os outros, mas não para a nossa família?".

Uniformes escolares novos nunca foram prioridade para nós, pois nossa preocupação era apenas ter comida na mesa. Meus pais tiveram algumas férias diferentes e um ou dois Natais realmente agradáveis, mas nossas necessidades nunca foram totalmente sustentadas ano após ano. Eu cresci nesse ambiente de escassez.

Meu pai, sendo pastor em uma igreja denominacional, sofreu muita pressão externa para pastorear, e acho que alguns podem ter sido autoinduzidos, pois ele queria dar o seu melhor a Deus e pensava que isso significava colocar sua família em segundo lugar diante do ministério. Infelizmente, muitos pastores nem sempre sabem ter prioridades saudáveis. A família nem sempre foi uma prioridade para meus pais em relação ao ministério e à igreja, e essa é uma questão muito comum entre aqueles que estão no ministério diante de tantas demandas.

O que experienciei quando criança me fez acreditar na mentira de que as necessidades das outras pessoas eram mais importantes do que as minhas ou as do meu irmão.

O que isso comunica a uma criança quando o pai e a mãe precisam cancelar os planos familiares por que outra pessoa precisa deles? Ou quando eles não podem buscá-lo na escola porque há outra "emergência" na igreja.

A questão aqui não é sobre nossos pais, pois eles deram do que podiam e tinham para dar. Hoje, estou vivo, e foi através deles que Deus Pai precisava para eu existir. Mas é sobre o que ficou em mim, ao significado que damos a tudo isso... Estruturas do que deveria ter sido preenchido em meu tanque emocional e bases que deveriam ter sido feitas e não foram. Desse modo, existe um lugar para as mentiras entrarem e bases do meu eu que ficaram frouxas. Hoje, somos responsáveis por nossa vida e mais importante do que o que nos aconteceu é o que fazemos com tudo que aconteceu.

AQUELES QUE CARECEM DE ALGO NUNCA ALCANÇAM TODO O SEU POTENCIAL

Lembro-me de um exemplo de como a falta de suprimento das necessidades na vida das crianças impede o seu crescimento e potencial. Na faculdade, trabalhei como personal trainer em uma academia chamada Golds, em Boise, Idaho. Tinha uma escola de atletismo lá chamada Parisi, onde eu trabalhava dentro da academia. Era uma escola de alto rendimento para atletas. Um dos principais treinadores de desempenho dessa franquia veio ao nosso local para fazer um seminário sobre como treinar crianças e suas famílias para serem atletas de ponta.

Esse treinador nos dizia algo em resposta a uma pergunta que alguém fez. Alguém lhe perguntou: "Você já praticou esportes profissionais? Você parece ter muito conhecimento e experiência, com certeza você praticou esportes profissionais, certo?".

Ele respondeu com um tom de voz triste e disse: "Na realidade, eu tinha muito potencial, mas não tinha minhas necessidades básicas de nutrição e apoio em casa para realmente desenvolver todo o meu potencial".

Continuou falando sobre como percebia que nunca cresceu e fortaleceu-se como poderia, por não ter recebido a nutrição adequada em casa, quando era um jovem atleta. Quantas crianças hoje têm essa experiência? Quantos adultos perderam oportunidades na infância porque as suas necessidades nutricionais básicas nunca foram satisfeitas?

Agora, esse treinador estava falando sobre necessidades físicas, mas nossas necessidades são além das físicas: são também emocionais e espirituais.

Muitas crianças carecem de necessidades físicas, emocionais e espirituais que são básicas e nunca amadurecem em seu pleno potencial.

Recordo, que muitas vezes acontecia algo específico, meus pais precisavam sair de casa para cuidar de outras pessoas e de suas famílias, o que significava que meu irmão e eu muitas vezes precisávamos cuidar de nós mesmos. Integrada na base da minha infância estava também outra mentira básica de "Devo cuidar de mim mesmo porque ninguém mais cuidará de mim". As crianças que não têm a proteção, a afirmação e o cuidado de pai e mãe procuram por isso em outros lugares.

Embora meus pais não estivessem fora o tempo todo, aprendi a cuidar muito bem de mim mesmo. Só mais tarde percebi que a mensagem que aprendi com meus pais foi ao mesmo tempo importante e confusa. Eu sabia que era importante porque era filho deles, mas não me sentia uma prioridade.

Como criança, quando você não se sente priorizado na estrutura da família, a única explicação real que pode encontrar é "todos os outros devem ser mais importantes do que eu". As crianças não têm capacidade de ser racional ou compreender as coisas; elas acreditam que o que pensam e sentem é a verdade, chegando, inclusive, a criar falsos conceitos, ou seja, mentiras para racionalizar e entender a situação ao seu modo. Muitas vezes se vê como ruim.

A REJEIÇÃO COMEÇA MUITO JOVEM

Eu tinha cerca de oito anos de idade quando experimentei pela primeira vez um evento traumático significativo em minha vida. Minha família morava atrás da igreja, numa pequena casa em Kaneohe, Havaí. Meus pais trabalhavam em outros empregos, além de serem pastores de nossa igreja local, e, assim, depois da escola, meu irmão e eu ficávamos sozinhos em casa por algumas horas antes de nossos pais voltarem. Meu irmão mais velho, Joshua, é três anos mais velho que eu, então, ele tinha cerca de onze ou quase doze anos quando esse evento aconteceu.

Meu irmão e eu, como a maioria das crianças, gostávamos de jogar videogame. Meu irmão ganhou um Nintendo 64 de Natal, além de vários jogos, e adorávamos jogar depois da escola. Também recebíamos alguns amigos que moravam perto de nossa igreja. Por causa da localização de nossa igreja, esses amigos estavam em pior situação financeira como família do que nós e vinham de lares extremamente destruídos. Hoje, pensando nisso, percebo que eles sempre tinham roupas sujas, sempre tinham cheiro de suor e sempre comiam com a nossa família. Seus pais ou estavam completamente desaparecidos de suas vidas ou viciados em drogas.

Nesse dia específico também tínhamos um garoto mais velho conosco, o qual provavelmente tinha entre quinze e dezessete anos e chamava-se Pono. Tenho lembranças de ele ser um cara legal, um jovem havaiano grande, maior que qualquer outra pessoa em nosso grupo de amigos e maior que qualquer pessoa que eu conhecia na época.

Estávamos todos jogando videogame no quarto do meu irmão quando ouvi a campainha tocar; como todos estavam ocupados, fui até a frente para atender. Quando abri a porta, um jovem me perguntou se eu gostaria de comprar alguns biscoitos. Eu educadamente disse a ele "não, obrigado!" e estava prestes a fechar a porta quando ele a empurrou na minha cara, levantou uma faca e apontou diretamente para o meu rosto!

Nesse ponto, meu irmão veio atrás de mim e rapidamente percebeu o que estava acontecendo. Antes que pudéssemos reagir, ouvimos a voz de outro homem atrás de nós e, quando nos viramos, tinha outro homem em nossa casa com uma faca também apontada para nós.

Esses dois homens pegaram a mim, meu irmão Joshua e o Pono. Nos colocaram no quarto dos meus pais e nos perguntaram onde estavam todas as coisas valiosas em nossa casa, como os videogames do meu irmão, as joias da minha mãe e as armas do meu pai. Eles tinham informações específicas sobre as coisas valiosas da nossa casa. E eu pensei: "Como eles sabem que meu pai tem armas?". Essa informação só era conhecida pela minha família e... ah, sim, nossos vizinhos "amigos".

Como crianças inocentes que éramos antes desse roubo, mostramos aos nossos amigos o que tínhamos e mostramos a eles algumas coisas dos nossos pais também. As crianças não sabem muito sobre o que deve ser dito e o que não deve, afinal, somos inocentes e acreditamos nas pessoas, certo?

Fiquei absolutamente apavorado durante toda essa experiência. Como criança, eu tentava acalmar meus nervos e não entrar em pânico, porque tinha muito medo de que me matassem se eu me movesse. Não me lembro de ter chorado naquele momento, mas me lembro da expressão de terror no rosto do meu irmão. Ele deveria ser meu irmão mais velho e me proteger, mas ele não conseguia nem se proteger.

Depois de reunirem o que queriam e colocarem tudo em sacos, nos levaram para uma sala lateral entre a nossa casa e a igreja, e nos disseram para nos deitarmos no chão. Eles disseram para não nos movermos senão nos matariam; eles disseram também para contar regressivamente de cem a zero antes de nos mexermos, e fizemos exatamente o que eles disseram.

O medo me levou a fazer exatamente o que eles disseram naquele dia, e o medo muitas vezes me levou a fazer o que as pessoas disseram ou apenas o que meu medo me disse para fazer.

Mais uma vez, aos oito anos, o que foi comunicado e que acreditei por meio dessa experiência é que você não é importante e que os outros vão tirar de você o que quiserem. Você é algo para ser usado. Se tiver algo bom ou de valor, isso lhe será roubado.

Depois que os homens saíram, terminamos de contar até o zero e, surpreendentemente, meus pais apareceram. Denunciamos imediatamente o roubo, mas não me lembro de a polícia ter vindo até a casa ou algo assim. Mas há mais uma parte dessa história que moldaria boa parte da minha primeira infância.

O ALINHAMENTO

Poucos dias depois desse acontecimento, a polícia ligou para os meus pais e lhes disse que tinha capturado uma das duas pessoas que roubaram a mim e ao meu irmão e que precisávamos ir identificá-los na delegacia.

Fomos à delegacia e fizemos o que chamamos de reconhecimento de pessoas, que é quando você está de um lado, através de uma janela de vidro, e eles têm uns dez suspeitos enfileirados do outro lado. Você pode ver pela janela, mas os suspeitos não podem ver você, o que não facilitou as coisas, pois eu estava com medo de que esses caras me vissem, me reconhecessem e me matassem como haviam prometido. Lembro que parecia um filme.

Quando todos os homens estavam em fila, vi rápido e facilmente que nenhum deles era o homem que havia nos roubado. Eu falei isso para os policiais e me lembro de ter dito aos meus pais: "por que eles estão perdendo nosso tempo com esses caras?!". Nenhum dos mais de dez homens que estavam no reconhecimento eram os homens que tinham nos roubado! Pensei que não havia como conseguirmos justiça por esse roubo que aconteceu. Fiquei desanimado e frustrado, mas a próxima coisa que aconteceu realmente me impactaria.

Enquanto estávamos saindo da delegacia, minha mãe e meu pai estavam conversando, e eu os ouvi dizerem algo que me fez nunca mais querer confiar nas autoridades. Eles disseram: "É uma coisa boa que Andy e Joshua (meu irmão) não identificaram ninguém no reconhecimento como as pessoas que nos roubaram, porque nove dos dez homens na fila eram policiais, e o outro esteve na prisão por alguns anos".

O quê?! Quer dizer que a polícia estava tentando nos enganar para ver se éramos apenas crianças mentindo? Senti como se alguém tivesse me dado um soco no estômago. A frase "eles não acreditam na gente" passou pela minha cabeça. A polícia não acredita que o que dissemos seja verdade e que fomos realmente roubados!

Agora, eu sei o que você está pensando, que talvez não tenha sido por isso que eles agiram assim. Quem sabe por que eles fizeram o que fizeram. A questão é que, para um menino de oito anos que foi roubado com uma faca, eu fiz um voto interno para mim mesmo:

> **Eu não poderia confiar em ninguém, especialmente em figuras de autoridade. Eu acreditei mais uma vez que não era importante, que minha voz não era poderosa ou verdadeira e que as pessoas não acreditariam em mim de qualquer maneira. Então, por que falar e dizer qualquer coisa?**

SUA INFÂNCIA É A BASE PARA O RESTO DE SUA VIDA

É aqui que tudo começa para todos nós que temos problemas em sentir que pertencemos ou que fazemos parte do mundo. Começa aqui mesmo na nossa infância. Você se lembra da primeira vez que se sentiu sozinho? A primeira vez que sentiu que não pertencia? A primeira vez que sentiu que era menos que outra pessoa? A primeira vez que sentiu que sua voz não importava?

Existe uma escritora que diz: "A infância é um chão em que pisamos a vida inteira". Todos nós somos uma combinação do que a vida nos ensinou e trouxe. Suas experiências, o lugar onde foi criado quando criança, se você teve um dos pais presente ou se seus pais não estiveram presentes. Tudo o que aconteceu com você, coisas das quais não se lembra, até mesmo coisas passadas de seus pais para você através do DNA criaram a base de quem você é como pessoa.

É uma loucura, mas existem livros e pesquisas que mostram como traumas são registrados em nosso DNA e passam de geração em geração em nossa família. Descobri que os mesmos problemas pelos quais passei na vida podem ser encontrados em ambos os lados da família dos meus pais. Se alguém não parar o trauma e quebrar padrões na sua linhagem familiar, este continuará a ser transmitido de geração em geração. Por isso que é tão importante que você obtenha a cura necessária de nosso Senhor e Salvador Jesus Cristo.

Todas as suas experiências são importantes na história e na criação de sua vida atual. Tudo cria a base das verdades ou mentiras nas quais você aprendeu a acreditar e se tornaram o seu "normal". Para que você possa chegar à verdade de Deus Pai em sua vida, precisará encarar e enfrentar toda a oposição, toda a opressão, toda a rejeição, toda a dor, o seu "normal" de como tudo lhe foi apresentado e realmente chegar à verdade de que você realmente é um filho (a) e realmente pertence à mesa do Pai.

Deus Pai já decidiu sobre nós, mas ainda há um órfão escondido dentro de cada um de nós, gritando por atenção, afirmação e amor.

capítulo 02

O órfão escondido em todos nós

"Se você conhece o inimigo e conhece a si mesmo, não precisa temer o resultado de cem batalhas. Se você conhece a si mesmo, mas não conhece o inimigo, para cada vitória conquistada você também sofrerá uma derrota. Se você não conhece nem o inimigo nem a si mesmo, sucumbirá em todas as batalhas."

"A Arte da Guerra", Sun Tzu

Deus tem um plano desde o início dos tempos, e esse plano sempre foi a filiação. Ao longo das escrituras, Ele se revela a nós como um Pai. O inimigo, porém, tem um contra-ataque a tudo o que Deus Pai deseja fazer. Na realidade, o inimigo não é nada criativo. Ele apenas falsifica e contra-ataca o que o Pai já está fazendo. Deus é o verdadeiro Pai da criação; Satanás, o inimigo, é simplesmente o pai da mentira (Jo 8:44).

É interessante perceber que um pai é a origem da vida, então Jesus, ao chamar Satanás de "pai da mentira", está dizendo que o diabo é a origem da mentira.

Como o diabo não pode nos dar a verdadeira identidade, ele tenta tirar de nós a nossa verdadeira identidade.

Todos os caminhos do mal e da mentira apontam para o inimigo, enquanto o caminho da verdade aponta para Deus.

A Bíblia usa uma história e uma experiência interessante com Jesus para revelar essa verdade. Depois que Jesus é batizado por João Batista, em Lucas 3, uma voz do céu afirma a identidade de Jesus como filho de Deus, e Ele é levado para o deserto, onde seu propósito seria testado e seu destino poderia ser lançado.

Como seres humanos, temos vários tipos de necessidades emocionais que formam a estrutura de nosso psique. Nesse idades como conforto, proteção, segurança, provisão, intimidade, companhia e outras necessidades. Elas são como uma base. Vemos como Deus Pai está cuidando destas necessidades do homem Jesus, o Espírito Santo veio sobre Ele em seu batismo: "Então uma voz dos céus disse: Este é meu filho amado, em quem me agrado" (Lc 3:17). É interessante, Jesus obviamente sabia que era filho de Deus, mesmo assim o Pai afirma essa verdade, O Pai estava enchendo o seu tanque emocional. É assim vemos a importância de uma paternidade saudável, todos precisamos disso. A paternidade tem o poder de gerar a identidade, o propósito e o destino das pessoas.

A Paternidade gera identidade, identidade gera propósito, e o propósito gera Destino!

"Este é o meu filho". Aqui Jesus recebe a afirmação de sua filiação. Deus Pai está declarando a sua identidade. Ele pertence, não existe nada que você possa fazer que o deixe de ser filho. Pode existir "ex" tudo, mas não ex-filho. Nós pertencemos, e estamos seguros nEle. Em nossas vidas, é nosso Pai que nos traz a identidade, a provisão e, o valor, e que nos afirma, nos empodera para a vida.

"Amado": Como seres humanos, temos a necessidade de termos amor, e sabermos que somos amados com um amor incondicional. Não importa, eu sou amado! Existe uma grande diferença quando temos essa segurança em nosso coração. Por exemplo, a expressão: *"Eu fiz uma bagunça, meu pai vai me matar"* é bem diferente de: *"Eu fiz uma bagunça, e agora preciso correr para meu pai, porque eu sei que Ele vai me ajudar".* Muitas vezes, não é porque nosso pai não nos amava, mas porque ele nunca recebeu e aprendeu o que é amor ou como expressar amor de um modo funcional. Além disso, ele também não sabia como falar nossa linguagem de amor. Com isso, em nós fica a sensação de não preenchimento, de dor e rejeição.

"Em que me comprazo": É o pai que empodera o filho(a) para o destino. Sua voz, seu elogio e seu deleite sobre nós enchem-nos de coragem e força para saltarmos para a vida.

Então, a Bíblia diz que o Espírito de Deus o **leva ao deserto para ser testado.** Para ser testado para quê? Após a afirmação da filiação, o que precisa ser testado? Ele já não tem tudo de que precisa? Então, por que um teste?

> **Ele é levado para ser testado porque toda a verdade em nossas vidas terá de ser testada. Deus quer ver no que você acredita; mas não só isso, precisamos ver no que verdadeiramente acreditamos.**

Não basta apenas saber na sua cabeça que a Bíblia é verdadeira e que você é filho ou filha; isso deve ser transformado em um sistema de crenças em cuja verdade em cada situação da vida você realmente acredita. A realidade da filiação será a base sobre a qual construiremos nossas vidas, portanto, se estivermos construindo algo que não seja na filiação, mostraremos tudo, exceto ser filho e mostrar quem é o Pai.

Não podemos viver nosso propósito e destino sem antes conhecermos nossa verdadeira origem, nosso Deus Pai e nossa identidade.

Na verdade, apenas quem é filho pode mostrar o Pai!

A Bíblia diz que Jesus jejua e ora por quarenta dias e quarenta noites, e está com fome (Mt 4:2). Ele tem fome porque é 100% homem e 100% Deus. Tem fome naturalmente por causa da sua humanidade. Jesus deixou de lado sua divindade para revelar o que é possível para nós quando acreditamos que somos filhos e temos conexão com nosso Pai.

Gosto desta citação de C.S. Lewis: "O Filho de Deus tornou-se homem para que os homens se tornassem filhos de Deus".

Apenas para maior clareza, isso não é boato, é uma verdade bíblica realmente difícil de entender. Em Gálatas 3:26-28, Paulo diz: *"Porque todos vós sois filhos de Deus mediante a fé em Cristo Jesus. Pois todos vocês que foram batizados em Cristo se revestiram de Cristo. Não existe judeu nem grego, não existe escravo nem livre, não existe homem nem mulher; pois todos vocês são um em Cristo Jesus".*

Nossa identidade como filhos de Deus é uma das coisas mais difíceis de compreender; é também a verdade mais importante pela qual precisamos viver nossas vidas.

A IMPORTÂNCIA DA SUA IDENTIDADE

Quando Jesus chega ao fim do jejum, o inimigo vem testá-lo. Esse ataque do inimigo revela muito sobre o que Ele acredita ser importante.

Tendo estado em guerra, conheço esta verdade, pois o inimigo não ataca apenas o que é valioso, mas também o que é vulnerável.

Contudo, Jesus não tinha vulnerabilidades que o inimigo pudesse explorar. Então, o que o ele tenta fazer com Jesus? A mesma coisa que ele tenta fazer conosco: convencer Jesus de que tudo que Deus Pai disse sobre Ele era mentira. Veja estas tentações que o inimigo tenta usar contra Jesus para fazê-lo concordar com ele. E interessante que Satanás ataca a identidade e três níveis de tentação: corpo, alma e espírito. Vemos isso em Mateus 4:

"Se você é filho de Deus você, pode transformar essas pedras em pão". Vemos a tentação no nível do corpo, tentando sua carne, ou seja, nossas necessidades físicas.

"Se você é realmente filho de Deus", e satanás o colocou na parte mais alta do templo, "basta pular do topo do templo e os anjos irão salvá-lo". Esse nível de tentação está na alma. O diabo queria promover Jesus, colocar no lugar mais alto que todos os veriam, e realizar um grande "show", no qual e Jesus seria aclamado. O inimigo tenta colocar nossa identidade nas coisas que nós fazemos e temos. Ele quer que acreditamos que nossa identidade está nas roupas que usamos, nos carros que temos, na posição, na fama e no status para ser amado(a), aceito(a) e para estar seguro(a).

Por último, Satanás o tentou "em lhe dar todos os reinos do mundo se Jesus se prostrasse e adorasse a ele". Essa tentação ocorre no nível do espírito. Satanás queria oferecer a Jesus um caminho mais fácil para o Seu propósito, ou seja, adiantar a Jesus o seu propósito sem se alinhar ao plano e ao tempo de Deus Pai.

Satanás está desafiando a identidade de Jesus, antes de qualquer tentação, ao tentar fazer com que ele negue o poder de Sua filiação.

Mas os filhos que sabem que são e têm não precisam realmente demonstrar o seu poder e a sua autoridade. Eles simplesmente são!

Jesus está vivendo a partir de uma verdade mais elevada do que apenas uma demonstração natural de filiação. Ele está vivendo a partir de Sua identidade, e não para ter identidade. Jesus não precisava receber nada que o diabo tentou dar porque Ele estava submetido ao Pai e aos planos de Deus Pai.

Quando estamos alinhados com Deus Pai como seus filhos, nada com que o inimigo tente atacar funcionará. Permaneceremos alinhados aos planos do Pai para a nossa vida, confiando na Sua verdade e nos Seus planos para nós. O diabo o desafia a demonstrar sua filiação, porque Jesus não precisa fazer nada, apenas de viver como filho.

Somente quem é filho pode mostrar o Pai.

Muitas vezes, por causa do espírito órfão dentro de nós, caímos em pecado tentando nos satisfazer em um prazer momentâneo e, assim, colocamos a nossa identidade nas coisas e no que fazemos, tentando, de alguma forma, forçar as coisas a acontecerem em nossas vidas. Fazemos isso até mesmo com sonhos e promessas de Deus, que Ele mesmo quer fazer em nós e por nós. É a partir de um espírito órfão que o diabo opera; e como Ele não pode ser um filho, então tentou fazer com que Jesus fizesse parceria com ele e conseguisse o que Deus Pai queria dar a Ele, mas de uma forma que não era Deus Pai que estava dando.

Em minha versão da Bíblia, a tradução da Paixão (Passion Translate) diz algo lindo na pssagem de Lucas 4:13: que o diabo recuou até chegar a hora de atormentar Jesus novamente.

O inimigo realmente só tem uma tática, e ele a repete continuamente, que é atormentar você e convencê-lo a concordar com ele. Ele fez a mesma coisa no passado e continuará a fazer isso, porque tentará fazer tudo o que for necessário para que você concorde e faça parceria com as mentiras dele. O espírito órfão em essência é um espírito atormentador, um mentiroso que quer a sua energia, a sua atenção, e também que você dê poder a ele com aquilo em que acredita.

O ESPÍRITO ÓRFÃO

Um dia, quando Jesus estava indo para Jerusalém, Ele enviou dois de seus discípulos a uma aldeia afim de preparar o caminho para Ele passar. Mas, ao aproximarem-se da aldeia, os discípulos foram rejeitados e afastaram-se da cidade, pois o povo não queria que Jesus entrasse.

Quando os discípulos perceberam o que estava acontecendo, voltaram e disseram a Jesus: *"Senhor, se tu quiseres, pode simplesmente invocar fogo do céu para cair sobre essas pessoas e destrui-las a todas".* Em Lucas 9:54-55, Jesus responde voltando-se para eles e repreendendo-os, dizendo: *"Vocês não sabem de que **espírito** vocês são".*

Este sentimento de rejeição nos discípulos fez com que quisessem revoltar-se com "poder" e até violência. O espírito órfão sempre desejará responder com "poder" e força quando se sentir rejeitado e injustiçado.

Não é um espírito de filiação de quem é aceito, amado e afirmado. O espírito órfão é rejeitado, deixado de lado e negligenciado. Portanto, ele sempre lutará por atenção, para se encaixar e pertencer, e lutará também para conseguir o que quer.

Quando falamos sobre um espírito, podemos estar falando sobre algumas coisas diferentes: o Espírito de Deus, o nosso espírito, um espírito demoníaco ou outras coisas espirituais, como anjos. Existe uma grande diferença entre o Espírito de Deus e um espírito satânico, o que é perceptível quando comparamos alguém que está cheio do espírito de Deus com alguém que é influenciado por um espírito maligno.

Se você comparar as coisas do espírito de Deus com as do espírito do inimigo, verá um grande contraste. Vamos usar o carnaval, por exemplo, que é uma festa da carne onde o pecado é abundante e as pessoas fazem o que querem. O espírito por trás do carnaval é o da luxúria e da carne, cujo intuito é satisfazer os desejos pessoais; durante a realização dessa festa, é você pode ver e sentir sua maldade.

Por outro lado, o espírito de Deus é um espírito de justiça e paz, um espírito de verdadeira liberdade que não lhe acrescenta nenhuma dor, tristeza ou escravidão. O pecado leva à vergonha e à morte, envolve-nos com um espírito de peso, mas o Espírito de Deus traz paz e a luz. Se você viver em pecado, não experimentará a verdadeira alegria e liberdade, porque estará sob a escravidão do espírito do pecado. Mas se viver em retidão, experimentará a paz e a alegria encontradas em Cristo Jesus.

Então, é fácil identificarmos de onde vem o espírito órfão: vem do inferno, porque é o oposto do Espírito de Deus. Deus Pai tem nos dado o espírito de filiação, no qual clamamos Abba Pai (Rm 8:14-15). Portanto, a única opção do inimigo é tentar convencê-lo de que você não é um filho, de que não vale nada e que outras pessoas são mais importantes ou valiosas do que você.

Não apenas isso; o inimigo quer que você viva em rebelião e pecado, para que seja tão miserável quanto ele. Conteudo, você deve lembra-se de que o fim dele está garantido e, não há graça para ele; mas o seu futuro está nas suas mãos. Em outras palavras, você tem a capacidade de aceitar ou rejeitar a verdade do amor de Deus e sua adoção como filho.

Muitas vezes, quando nos sentimos machucados, desamparados, injustiçados, escolhemos a rebelião em nossas vidas como modo de escape e para querer provar a nós mesmos nosso poder e nossa identidade.

Mas o grande problema é que a rebelião não traz liberdade! Pelo contrário, nos aprisiona cada vez mais.

Eu realmente quero que você entenda essa verdade, porque ela mudará toda a sua perspectiva de vida. O inimigo realmente só tem uma tática, que é, por meio de mentiras e tormento, tentar convencê-lo de que você não é um filho.

Sua única tática é convencê-lo e fazê-lo acreditar que o que Deus Pai está dizendo sobre você é uma mentira, e que as mentiras que o diabo traz são realmente verdadeiras. Ele não é poderoso, é apenas um enganador.

Quando o diabo o convence a acreditar em suas mentiras, você dá poder a ele e à própria mentira.

Ele precisa que você acredite na mentira que ele contou, porque as mentiras dele não têm poder por si mesmas.

Jesus tirou o poder do inimigo e, portanto, a única maneira pela qual Ele pode obter poder é por intermédio de você.

Como diria o pastor Bill Johnson, "quando você acredita na mentira, fortalece o mentiroso". Recebemos todo o poder e autoridade no céu e na terra (Mt 28:18-20). Então, se temos todo o poder, quanto o diabo tem? Nenhum, a menos que você dê a ele um pouco do seu.

Ele precisa que você acredite na mentira que ele contou, porque as mentiras dele não têm poder por si mesmas.

CARACTERÍSTICAS DE UM ESPÍRITO ÓRFÃO

Depois que você começar a identificar e ver o que é um espírito órfão, começará a ver isso nos outros e em você também. Podemos ver isso em vários personagens da Bíblia, e predominante na vida dos discípulos que sempre lutaram entre si por posição e grandeza (Mc 19:35-45).

Gosto de pensar no espírito órfão da forma que aprendi com Dawna de Silva e, Teresa Liebscher no ministério chamado SOZO da Bethel Church. Esse é um ministério de cura interior que minha esposa Késia e eu lideramos e representamos aqui no Brasil. No livro *SOZO*, elas falam sobre as impressões digitais do espírito órfão, que é um ótimo exemplo de como esse espírito trabalha em nossas vidas.

Como uma criança que tem tinta nos dedos e corre pela casa tocando em tudo, você pode ver quais áreas da sua vida o espírito órfão afeta, porque ele deixa uma impressão digital, marcas por onde passa. O espírito órfão tem uma assinatura única e certas características a partir das quais opera. O próximo exemplo é algo que vemos em *SOZO*:

IMPRESSÕES DIGITAIS DE UM ESPÍRITO ÓRFÃO:

1. Estou sozinho: odeio quando outros ganham. Isso me deixa mal;
2. Sou indesejado: tenho que cuidar de mim mesmo. Ninguém vai se importar comigo;
3. Não sou digno: se quero amor, preciso conquistá-lo;
4. Tenho que me automedicar: Não há nada de errado comigo. Eu só preciso continuar trabalhando. A dor cuidará de si mesma;
5. Só tenho valor quando tenho sucesso. Se eu tiver sucesso na minha carreira, finalmente terei aprovação;
6. Outras pessoas são apenas objetos para eu usar: tenho que aproveitar ao máximo meus relacionamentos. As pessoas são um degrau necessário para subir.

Quando pensamos assim, agimos assim e acreditamos assim, então, há evidências de que estamos operando a partir de um espírito órfão. Se alguma dessas características corresponder a uma crença/mentira que você tem sobre si mesmo, então há uma boa chance de você estar agindo a partir do espírito órfão.

O QUE EU FAÇO SE TIVER UM ESPÍRITO ÓRFÃO?

A Bíblia diz que, quando confessamos os nossos pecados, Deus é fiel e justo para nos perdoar os pecados e nos purificar de toda injustiça (1Jo 1:9-10). Quando vivemos a partir das mentiras de um órfão em vez da verdade de um filho, vivemos em pecado. A Bíblia diz que a verdade nos liberta, mas viver uma mentira nos mantém em cativeiro.

O pecado é uma transgressão contra a lei de Deus ou, em essência, uma rebelião contra Deus. Quando vivo como um órfão, em comparação, em competição, agindo como uma vítima, num lugar disfuncional, de impotência e medo, estou me rebelando contra Deus, meu Pai, e Sua verdade. Ele diz que sou filho, portanto qualquer tipo de vida em ação fora disso é de natureza pecaminosa, porque vai contra a verdade e a identidade que Deus me deu.

O lindo é que Deus nos dá acesso à redenção através do arrependimento e nos recebe como Pai de braços abertos. Sempre há graça e perdão quando nos aproximamos de Deus como filhos e filhas, e pedimos Sua graça e seu perdão.

Se agimos a partir de um espírito órfão em nossas vidas, então, precisamos identificar isso, precisamos reconhecê-lo, precisamos confessar esse pecado a Deus e nos arrepender.

Arrependimento, do grego, é *Metanoia*, que significa mudar a maneira como você pensa e receber o perdão de Deus.

Precisaremos aprender a viver a filiação e a caminhar na liberdade que Deus nos deu. Também precisaremos reaprender como responder na vida a partir do espírito de Deus, e não do espírito de um órfão, e essa é uma jornada, de saber a verdade sobre quem você é e caminhar em liberdade, além de não ser é fácil, é para toda a vida, mas há esperança com Jesus como nosso exemplo e a graça de Deus para nos capacitar.

TODO MUNDO TEM UM ÓRFÃO ESCONDIDO DENTRO DE SI

Uma das histórias mais poderosas da Bíblia é a parábola que Jesus conta sobre o Filho Pródigo. Na verdade, é tão poderosa porque não se trata apenas de um filho que deixa o pai e o reencontra; na verdade, é uma história de dois irmãos que são rebeldes de maneiras diferentes.

Essa história se encontra em Lucas 15:11-32 e é fundamental para todo crente em Cristo, uma vez que revela o coração de Deus Pai, mas também revela a luta interior desses dois jovens filhos.

O versículo 11 começa dizendo *"havia um pai com dois filhos"*, depois continua falando sobre como um filho pediu sua herança ao pai para que pudesse deixar sua família e viver sua vida. Nessa cultura, pedir sua herança antes da morte de seu pai era um insulto, pois você estava basicamente dizendo que "quero mais minha herança do que um relacionamento com você".

A Bíblia diz que o pai deu a herança aos dois filhos, (Lc 15:12), não apenas ao mais novo. Mesmo assim, o filho mais velho ficou em casa e trabalhou com o pai, ao passo que o mais novo viajou para conhecer o mundo. Usando sua herança para uma vida imprudente e extravagante.

Depois de gastar toda a sua herança e ficar com fome e exausto, ele começou a trabalhar para um fazendeiro e ficou tão pobre e carente que desejava comer a comida dada aos porcos. Humilhado, finalmente caiu em si, dando-se conta de que os servos da casa de seu pai eram melhores que ele. Então, ele decidiu voltar para casa e implorar pelo perdão de seu pai, e disposto a trabalhar como empregado de seu pai.

O mais novo fez o trajeto para casa, e quando o pai o avistou de longe, teve compaixão dele e foi ao seu encontro, abraçou o filho e o perdoou. Então, o pai ordena aos seus servos que trouxessem o seu melhor manto, o seu anel de filiação, e preparassem um banquete para o seu filho. O filho que fugiu e desperdiçou tudo o que seu pai lhe havia dado, pôde experimentar o perdão e a graça ao ser restaurado com o melhor manto, uma festa e o anel de filiação, recebendo completa restauração.

Porém, quando o irmão mais velho voltou do trabalho no campo, ouviu a comemoração e sentiu o cheiro da comida. Ele perguntou a um dos servos de seu pai: "O que está acontecendo aqui?", e o servo respondeu que seu irmão mais novo havia voltado para casa e seu pai estava comemorando com ele.

Quando o filho mais velho ouviu isso, ficou furioso e se recusou a comemorar. Quando o pai viu o filho mais velho perguntou-lhe "qual é o problema, por que você não comemora conosco?", o filho mais velho respondeu assim: "pai, trabalhei como um escravo para você, fui fiel e você nunca me celebrou assim. Mas olhe para o meu irmão; ele desperdiçou tudo só para voltar e receber o seu perdão e até uma celebração?!

O pai respondeu:

> *"Meu filho tudo o que tenho é seu, você está sempre comigo. Mas é justo celebrar o seu irmão porque ele estava morto e reviveu, estava perdido e foi achado." (Lc 15:31-32).*

Essa história é difícil de aceitar por alguns motivos. Aos olhos do irmão mais velho, ou em alguns dos nossos pontos de vista, o filho mais novo não está recebendo o que achamos que merecia. Achamos que o que ele merece é o castigo e a rejeição do pai. Em vez disso, ele recebeu misericórdia e perdão. Ele não recebeu as consequências que acreditávamos que ele merecia por causa de suas ações; em vez disso, ele recebeu amor e misericórdia.

Isto nos frustra porque em nossas vidas muitas vezes recebemos punição e não graça e perdão.

Outra razão pela qual é difícil aceitar é porque, se nós nos vemos como o filho mais novo e podemos receber a misericórdia e a graça de Deus, muitas vezes nos sentimos indignos disso.

Ambas as respostas revelam uma mentalidade órfã ou um espírito órfão dentro de nós. O irmão mais velho tem tudo do pai, mas quer que o irmão mais novo receba punição e justiça, e, na essência, o irmão mais novo não sente que é digno de amor e aceitação. Que bem isso traz senão beneficiar o irmão mais velho por sua fidelidade e por seu desempenho?

Pelo contrário, se nos sentimos indignos da graça de Deus, isso quer dizer que realmente não entendemos o que significa filiação e que ainda temos uma impressão digital de órfão nas nossas vidas. O que quer que seja verdade para nós, e talvez nem seja para você, ainda precisamos ver se há alguma tendência órfã escondida dentro de nós.

Acredito que, sim, todos estamos crescendo em Cristo e sendo transformados em nossa total identidade de filhos. Nesse processo de santificação, *metanoia* e renovação de mente em nossas vidas, o que significa viver a realidade da nossa justificação nele.

Embora seja verdade que recebemos o espírito de filiação, Jesus era o único filho perfeito. O resto de nós está se tornando semelhante a Ele por meio de nossa humildade e, trocando nossas "verdades" pelas Verdades de Deus Pai para nós. Em outras palavras, estamos todos aprendendo a viver nossa identidade, um dia de cada vez.

O espírito órfão pode se manifestar como inferioridade ou superioridade, e se esse espírito estiver ativo em nós, sempre nos sentiremos indignos e inferior aos outros, como se o mundo me devesse algo, ou então em um lugar de superioridade. O mais novo achava que não pertencia por causa de suas ações e da vergonha que carregava; o mais velho sentia que não pertencia porque nunca tinha sido celebrado e se sentia superior. No entanto, ambos pertenciam e eram amados. A mentira que surge em nossa mente geralmente é aquela que aprendemos por meio de padrões repetidos. Trauma, dor, vergonha e rejeição são padrões que se repetiram ao longo de nossas vidas e é hora de quebrar esse padrão de uma vez por todas.

capítulo 03

Repetindo padrões de dor

"Repetimos o que não reparamos".
Mary Beth Keane

Quero que você pense em sua vida e veja se há algum padrão que se repetiu. Situações que, embora possam ter sido diferentes e com pessoas diferentes, o padrão ainda está presente. Muitas vezes, é muito mais que escolher errado: é que padrão! Você consegue perceber algum trauma recorrente, alguma mentira que tenha conduzido sua vida, formas pelas quais sabota seu progresso, fracassos repetidos?

Podem ser coisas boas ou ruins que aconteceram com você. Como seres humanos, temos hábitos e seguimos padrões. Há coisas na nossa vida que se repetem porque as atraímos por meio daquilo que acreditamos.

Recebemos na vida o que acreditamos que merecemos; e o que acreditamos que merecemos muitas vezes se baseia no que vivenciamos.

Nossos hábitos e padrões de pensamento são formados por meio das experiências e até dos medos daquilo que a vida nos ensinou. Você pode pegar duas pessoas diferentes e colocá-las na mesma situação que terá respostas completamente diferentes, **pois damos significados diferentes diante da vida.** A vida é cheia de escolhas repetitivas, hábitos e especialmente padrões que se repetem continuamente em ciclos. Espero e oro para que os bons padrões de vida se repitam para você, mas, se você tiver traumas e dores repetitivas... é algo que você precisa se permitir ver e mudar em sua vida.

VOCÊ PENSA QUE É UM CIDADÃO DE SEGUNDA CLASSE

Anos atrás, eu estava em uma sessão de aconselhamento com alguém tentando me ajudar com meus problemas de relacionamento. Fazia meu primeiro ano de Escola de Ministério na igreja Bethel Church na Califórnia (BSSM), e eu estava em um relacionamento tóxico, assim como todos os outros, mas desta vez eu era cristão e não conseguia entender por que não conseguia construir um relacionamento saudável com essa pessoa.

Esse psicólogo me pediu para compartilhar com ele minhas experiências anteriores e se eu havia tido algum problema de relacionamento no passado. Ele me perguntou se havia algum padrão negativo em meus relacionamentos anteriores que fosse recorrente em meu relacionamento atual. Eu ri e disse: "Tive problemas em todos os meus relacionamentos, e o padrão comum é que estive envolvido em cada um dos meus relacionamentos". Ele também riu e me pediu para compartilhar com ele um pouco da história dos meus relacionamentos para ver se poderia me ajudar a identificar uma área em que poderíamos trabalhar.

Comecei a contar que tive problemas de relacionamento desde meu primeiro relacionamento com uma garota, quando era adolescente. Começamos a namorar quando eu tinha quatorze anos. Tínhamos acabado de nos mudar do Havaí para Idaho, e meus pais estavam passando por uma transição de deixar o ministério e trabalhar em um emprego formal e ter uma vida comum.

Os pais da minha ex-namorada eram exatamente o oposto dos meus. Eles não eram cristãos e eram muito liberais, ao passo que os meus, eram cristãos extremamente religiosos, rígidos e controladores. Eu disse ao psicólogo que os pais dela nos deixavam beber e usar drogas; na verdade, os pais dela compravam álcool e drogas e compartilhavam conosco. Foi uma loucura ter esse tipo de liberdade imprudente, especialmente porque eu estive em uma família estritamente cristã até aquele momento.

Comecei a contar para ele que, na verdade, por volta dos quinze anos fiquei bêbado pela primeira vez, com uma bebida oferecida pela mãe da minha namorada. Depois dessa primeira vez, ficar bêbado com ela tornou-se mais frequente e me levou a ter um relacionamento sexual não apenas com minha namorada, mas também com sua mãe.

Meu conselheiro respondeu: "O quê? Você quer dizer que foi abusado sexualmente pela mãe da sua namorada quando tinha quinze anos?". Eu o respondi: "Não, não fui abusado sexualmente. A mãe dela e eu estávamos em um relacionamento". Ele olhou para mim estupefato e disse: "Andy, como você chamaria um homem de quarenta e cinco anos e uma menina de quinze anos tendo relações sexuais?". Não demorei muito para responder: "Aquele homem estaria se aproveitando daquela menina. Ela não sabe o que está fazendo, pois é só uma criança, e ele está abusando, se aproveitando dela!" Ele então respondeu-me: "O que você acha que aquela mulher estava fazendo com você? Por que isso seria diferente?"

Comecei a chorar, e ele continuou: "O que aconteceu com o pequeno Andy naquela época?". Ele continuou cutucando essa ferida dentro de mim, disse a ele: "Não, ela disse que teríamos problemas se alguém descobrisse..." O conselheiro então respondeu: "Andy, vocês dois não teriam se metido em problemas; a verdade é que ela teria se metido em problemas. Foi ela quem preparou e abusou sexualmente de você; você era apenas uma criança.

Durante aquela sessão, meus olhos se abriram e pude realmente compreender o que havia acontecido. Sempre pensei que a culpa e a escolha fossem minhas. O estigma é que o homem, independentemente de quem seja, é quem instiga a intimidade sexual, e ele é mais homem por isso... então, sempre coloquei a culpa de tudo isso sobre mim.

Ao longo dessas sessões de aconselhamento, olhando para minha bagagem e vida, de alguma forma ele me ajudou a identificar um verdadeiro sentimento interno que eu tinha. O sentimento era este: "Andy acredita que não é o melhor, ou um cidadão de segunda classe. Outros são mais merecedores de amor, mais merecedores de apreço, mais merecedores de uma família saudável". Meu rótulo interno para mim mesmo era "segunda classe", "sou impotente diante da vida e o que acontece nela".

Lembro que tive de crescer cedo, às vezes tive que cuidar das necessidades dos meus pais através das minhas ações. Aprendi desde muito jovem a não dizer "não", e a dar às pessoas o que elas queriam, a colocá-las acima de mim. A igreja era mais importante do que eu quando criança, as pessoas eram mais importantes do que eu. Aprendi que a vida estava fora do meu controle e simplesmente fazia o que queria ou o que me era apresentado. Minhas escolhas realmente não importavam, eu era apenas "um cidadão de segunda classe".

Meu sistema de crenças era de que as pessoas tinham mais controle sobre minhas ações do que eu. Fui vítima de viver apenas tentando fazer o melhor com o que tinha e não conseguia de fato fazer escolhas, por isso foi muito fácil para aquela mulher abusar de mim, pois eu realmente não sabia como dizer não.

A parte mais maluca de tudo isso é que meu primeiro relacionamento com minha namorada e a mãe dela também formou meu sistema de crenças nos relacionamentos diante de como eu experienciei e vivi. Isso estabeleceu um padrão em minha vida que eu repetiria de novo e de novo. Eu rompi relacionamentos continuamente durante a maior parte da minha vida porque meu sistema de crenças se enredou naquele relacionamento de três vias quando eu era adolescente. Lembro-me de ter pensado que "todas as mulheres traem os maridos porque são iguais àquela mulher". O abuso forma e muda nossa visão de mundo; e transforma a maneira como você pensa e se relaciona com a vida.

Na verdade, com esse sistema de crenças eu criei o mundo em que viveria. Em todos os meus relacionamentos até entregar minha vida a Jesus sempre houve infidelidade, ou seja, eu traía e era traído. Não importava quem era a garota, essa fragilidade e esse padrão em meus relacionamentos continuou até que eu identifiquei a raiz e consegui a cura para isso.

Sempre acreditei que fosse vítima, sempre acreditei que esse era o destino que a vida havia me dado. Sempre me senti como se fosse um "cidadão de segunda classe". Essa crença moldou toda a minha vida antes que as coisas começassem a mudar e a progredir de uma forma mais saudável para mim.

A RESPOSTA RELIGIOSA

Você sabe o que é loucura? Uma vez, em minha busca pela cura, abri meu coração para um líder e pastor que eu admirava e disse a ele que havia cometido esse pecado sexual no passado. Depois que eu contei a ele sobre isso, esse pastor apenas olhou para mim e respondeu:

> **"Está tudo sob o sangue de Jesus, filho..." E, sim, isso é verdade, mas a mágoa, a dor e a destruição que acontecem em nossas vidas por causa do pecado precisam ser confrontadas, abordadas e curadas.**

Um dos meus maiores desejos na igreja é que tenhamos a compaixão e as ferramentas necessárias para ajudar os corações partidos.

Certa vez, nos meus primeiros anos de caminhada com o Senhor, Deus me deu um tema para o ano. Ele me disse que seria um "ano de restauração". Naquele ano, do nada, essa mulher que havia abusado de mim conseguiu meu número de celular e me ligou pedindo desculpas por tudo o que ela tinha feito. Ela me contou que o que aconteceu conosco destruiu ela e sua família completamente. Sua filha não falava mais com ela e seu marido quase havia se divorciado. Falei com ele por telefone naquele dia também, e ele também se desculpou. No entanto, esse perdão em si não trouxe cura por si só. Isso não mudou o sistema de crenças que eu tinha, de ser uma pessoa de "segunda classe" e "não poderia me posicionar diante da vida".

Esse trauma sexual é apenas mais um dos muitos tipos de abusos que experimentei e, embora saiba que a verdade é que "está sob o sangue de Jesus", tive que prosseguir a minha jornada de cura. Tem sido um processo longo e tedioso de aprender a viver a vida de maneira saudável. Quando o seu "normal" não é normal, isso torna a vida muito mais desafiadora.

Ao longo dos anos, aprendi a lidar com minha dor, meu trauma e obter cura. Hoje, na realidade, ajudo a trazer cura para as pessoas, mas com certeza foi uma jornada longa e tediosa para ser intencional em relação ao meu coração e sistema de crenças.

Sempre que minha esposa e eu ensinamos sobre cura interior, eu brinco com as pessoas e digo: "Minha esposa é a especialista: ela é a psicóloga e tem todas as respostas dos livros didáticos. Sou a cobaia que aprendeu tudo cometendo erros sozinho".

MESMAS MENTIRAS, EXPRESSÕES DIFERENTES

Descobri um padrão em minha vida de dor e decepção repetitivas, bem como outras coisas, como a relutância em celebrar ou ser celebrado. Para mim, os aniversários sempre foram a coisa mais difícil de comemorar. Sempre que deveria acontecer algo bom comigo, ou algo que eu pudesse comemorar, eu sempre ficava decepcionado e desanimado com a resposta de outras pessoas.

Quero contar algumas experiências que tive porque são padrões que identifiquei em mim e porque isso talvez ajude a identificar padrões em sua vida que você nunca tenha visto antes.

No Ensino Médio, fui promovido ao time principal de futebol, uma homenagem dada apenas aos melhores atletas da escola. Eu estava orgulhoso de mim mesmo e de meu trabalho árduo; mas um dia ouvi um treinador dizer a outro treinador: "não podemos permitir que Andy jogue nesta posição para nós no próximo ano, ele é lento "pra caramba!" Meu coração ficou muito magoado com a forma como foi dito, foi como tivesse atacado minha identidade, o meu eu, porque me lembro que o que ouvi foi "ele é um cidadão de segunda classe".

Como é importante estar num lugar de cura e andar sobre as verdades de Deus Pai para nós. Podemos até experimentar a rejeição, mas ela não nos atinge se não faz parte da nossa identidade!

No dia em que me formei no campo de treinamento do Corpo de Fuzileiros Navais, meu sonho de infância há mais de dez anos estava sendo realizado. Quando estávamos saindo para receber o emblema do Corpo de Fuzileiros Navais, que dizia que eu era fuzileiro naval, meu instrutor me parou e disse: "Você está se formando hoje?! Isso é impossível, você é gordo pra caramba". Fiquei arrasado! Esse foi uns dos momentos de maior orgulho da minha vida, e foi arruinado por um homem que eu admirava e pelo homem que me treinou.

Poucos anos depois, trabalhei ao máximo para me tornar um atirador de elite do Corpo de Fuzileiros Navais, também outro sonho de infância. Fui para a escola de atiradores de elite por dez semanas, e foi uma das coisas mais difíceis da minha vida! Eu ganhei a honra de ser o melhor stalker da minha turma, uma técnica em que mais de 60% dos formandos falhavam, mas eu era o melhor da minha turma! Trabalhando em equipes de dois homens durante a escola, também ajudei meu parceiro a se tornar o melhor atirador da turma! Essa honra foi igualmente minha, pois ele não poderia ter feito isso sem mim, ajudando-o a ajustar seus tiros, de acordo com o vento, e dando-lhe os ajustes corretos.

Mesmo com todo aquele prestígio e honra da escola, quando voltei para minha unidade, meu líder me disse que eu não era um atirador de verdade porque simplesmente não era o melhor da turma. Ele começou a me castigar, obrigando-me a fazer exercícios físicos a maior parte do dia. Fez-me subir e descer montanhas só porque fiquei em segundo e não em primeiro.

Mais uma vez, Andy, você é de segunda classe ou segundo melhor...

Isso também não parou quando entreguei minha vida a Jesus. Eu entreguei minha vida a Deus na noite de Ano-

Novo, em 2010, e acreditei que jogaria futebol na faculdade. Eu disse a um líder que acreditava que o plano de Deus para mim era este.

Ele começou a fazer planos para eu exercer o ministério quando comecei no time de futebol. Ele fazia parte de um ministério reconhecido nacionalmente, e eles iriam me colocar em plataformas nacionais falando sobre como passei de atirador de elite do Corpo de Fuzileiros Navais a jogador de futebol cristão.

Infelizmente, mesmo pensando ter ouvido Deus, me enganei, não entrei no time de futebol. Eu também fiquei com o coração quebrado, porque era outro sonho que tive, era algo que realmente acreditei que Deus havia dito que eu faria.

Eu disse para esse líder que não faria parte do time, e ele ficou muito bravo comigo. Ele disse: "O que você quer dizer com não vai entrar para o time?! Achei que tivesse dito que Deus lhe havia dito que entraria no time?!" Eu respondi: "Acho que estava errado, quero dizer, só estou seguindo a Deus há algumas semanas". Ele continuou a me deixar para baixo e deixou meu coração ainda mais devastado. Não bastasse ter me deixado para baixo por não entrar no time, agora também fui desanimado por um dos meus líderes.

Mais uma vez a mensagem foi "você é de segunda classe", "você não é bom o suficiente, você não é digno".

Uma vez que a mentira está em você, os outros nem precisam contá-la, pois você diz a si mesmo. A mentira se torna um hábito diário que você repete continuamente para si mesmo. Ainda recentemente, em 2023, eu estava lidando com esses padrões e essas mentiras. Eu havia escrito meu primeiro livro, *Descobrindo seu destino profético*, cujo lançamento foi em junho de 2023. Também estávamos reformando nosso novo prédio da igreja aqui em Florianópolis e inaugurando o prédio na mesma semana. Foi um caos. Eu não sugiro ter tantas atividades intensas de uma só vez.

Eu estava trabalhando de dez a doze horas por dia (ou mais) na igreja fazendo a reforma e chegou a hora do lançamento do meu livro. O estresse da construção, o atraso, a falta de dinheiro... A igreja estava uma bagunça, pois estava apenas parcialmente concluída, havia pó da construção por todo o chão e eu estava exausto. Eu queria cancelar o lançamento do livro, tinha cerca de cem pessoas vindo e não tinha nada planejado para dizer ou fazer, exceto dizer a todos: "sim, escrevi meu primeiro livro; por favor, comprem pois eu sei que vocês serão abençoados".

Embora tenha sido uma grande conquista, meu primeiro livro foi algo com que sonhei durante toda a vida, as mentiras repetitivas estavam lá esperando que eu as ouvisse. Elas sussurravam para mim com confiança: "Não vale a pena celebrar, Andy." e "Você é apenas de segunda classe, nem sequer é uma grande conquista". Felizmente não cancelei; em vez disso, eu vi e fui autoconsciente sobre aquela mentira, gritando para que eu acreditasse nela e a fortalecesse.

Sinceramente, até que você encare, cure suas dores, reveja suas crenças, e se liberte do que acredita e perceba o que ficou delas em você, isso vai se tornar sua realidade e o destino de sua vida, aonde quer que você vá. Ainda assim, o inimigo sabe e conhece a sua vulnerabilidade, e ali se torna um lugar para ele assoprar mentiras. Agora o que fará a diferença é se você faz ou não parceria com elas.

CAMINHANDO PARA MINHA CURA

Passei anos da minha vida em aconselhamento, fiz cursos por meio do programa de veteranos militares americanos, passei por ministérios intensivos de cura interior durante semanas, cura interior durante fins de semana, sessões *SOZO*, escolas de ministério, entre outros. Fiz tudo para ser curado e caminhar para minha cura.

Fiz tudo isso porque sei que o trauma deixa manchas em todos os aspectos de nossas vidas, e tenho limpado minha vida para remover todas as manchas. Na verdade, quando vivenciamos um trauma, três coisas importantes mudam. Quem passou por um trauma recebeu três novos filtros para a vida.

- **O primeiro filtro diante da vida é que não sou uma boa pessoa.**

Se fiz coisas horríveis ou me permiti ser abusado, então não devo ser uma boa pessoa. Isso é verdade especialmente para veteranos de guerra como eu, que cometeram atos violentos. Acreditamos que não somos boas pessoas por causa do que fizemos a outras pessoas.

Tínhamos uma citação no Corpo de Fuzileiros Navais: "não há melhor amigo nem pior inimigo" do que um fuzileiro naval dos Estados Unidos. Significa que fazemos os melhores amigos dentro e fora do campo de batalha, mas, se você nos contrariar, seremos seu pior inimigo. Também vivemos a partir deste ponto: "seja amigo de todos, mas tenha um plano para matar todos que encontrar". Acho que não preciso dizer o que isso faz com os relacionamentos em sua vida, a vez que viver com essa mentalidade muda sua visão de mundo.

- **O segundo filtro é que as pessoas não são seguras e confiáveis.**

Quando você é abusado por pessoas que ama, pessoas que foram para você como uma mãe ou um pai, ou alguém em quem realmente confiou, você simplesmente não pode confiar em ninguém. Quando sabe que as pessoas são capazes de cometer violência, abuso ou traição, fica difícil confiar em alguém. Você não confia nas pessoas em seus relacionamentos, nas amizades e nem mesmo nas atividades comerciais.

Você sabia que a maioria dos casos de abuso sexual acontece por pessoas que a vítima conhece? Isso inclui parentes próximos, como pais, tias e tios, irmãos e irmãs, e primos. Inclui também amigos da família que conquistaram a confiança dos familiares e das vítimas.

> **O abuso destrói nossa capacidade de confiar nos outros e em nós mesmos.**

- **O terceiro e último filtro é que o mundo não é um lugar seguro.**

Quando você experimenta a dor, o sofrimento e o pecado do mundo através do trauma, não acredita que haja esperança neste mundo. Você espera que o mundo sempre lhe dê o pior e vive nervoso, em alerta, esperando que algo de ruim lhe aconteça todos os dias.

Uma pessoa que foi abusada e vivenciou traumas, fica apenas esperando que a próxima coisa ruim lhe aconteça. É o que o mundo lhe ensinou: "Este mundo não é seguro, e a próxima coisa ruim vai acontecer em breve".

Esses filtros mudam a maneira como vemos a vida, como nos vemos e, também, como interagimos com o mundo que nos rodeia. Eles criam obstáculos na nossa intimidade e em nossa conexão com Deus Pai e com as pessoas, criando padrões repetidos que se manifestam em tempo real na nossa vida e que se tornam também a atmosfera que carregamos. Meus sistemas de crenças criaram ciclos contínuos de quebra porque o trauma abriu a porta para o pecado sexual em minha vida e exigiu um esforço intencional para fechá-la com a ajuda de Deus.

Tive de admitir que minhas ações criaram meu mundo, e, apesar de ter sido abusado, não fui uma vítima. Eu tinha que assumir meus problemas e meu pecado, e, então, Então precisei me arrepender, renunciar e obter a cura para esse pecado. E, sim, mais uma vez, enquanto não vivo a vida como vítima do que aconteceu comigo, sou responsável pelo que faço com o que aconteceu na minha vida.

Não posso justificar minha fragilidade por causa do abuso; em vez disso, preciso assumir o controle e obter a cura de que preciso.

Embora o abuso seja horrível e os padrões que ele cria sejam destrutivos, a pessoa que foi abusada tem que retomar o seu poder e aprender a viver novamente. Não podemos viver nas sombras do nosso abuso; devemos assumir a responsabilidade pelas nossas vidas e obter a cura de que necessitamos.

Deus ainda tem planos para você, portanto, não permita que o inimigo roube o seu futuro roubando o seu passado.

DEUS CONTINUAMENTE NOS DÁ OPORTUNIDADE DE MUDAR

A dor provoca alguns efeitos em nossa vida; por exemplo, pode fazer com que continuemos a buscar coisas que irão entorpecer a dor temporariamente, ou fazer com que realmente busquemos a cura e uma mudança duradoura. Geralmente, o que acontece é que chegamos a um ponto onde não aguentamos mais a dor e temos que buscar algum tipo de cura.

Lembro-me de que, durante meu tempo no exército, o hábito de beber me fez começar a pelo menos olhar para a dor e tentar fazer algumas mudanças. Eu bebia até desmaiar, bebia todos os dias, e esse método de tentar anestesiar minha dor só criava mais problemas. Fiquei internado por causa de uma úlcera causada por estresse e ansiedade, mas principalmente por causa da bebida.

Uma das frases que costumávamos cantar na escola de atiradores era esta: “Hoje me traz dor e a promessa de mais dor!”. Era algo que eu acreditava ser apenas minha parte na vida. Eu experimentaria dor repetidamente, nos relacionamentos e em diversas outras áreas da vida, e simplesmente sofreria.

Mas comecei a perceber que Deus Pai nos deu muitas oportunidades de buscar crescimento e mudança em nossas vidas, oferecendo-nos muitas opções para obter cura e prosperar. Mas cabe a nós nos arrependermos, mudar a forma como pensamos e então agirmos. Em outras palavras, ele nos permite quebrar os traumas e os padrões das nossas vidas e obter a cura de que necessitamos.

Sendo assim, quero lhe conduzir neste momento em uma oração para quebrar os padrões de sua vida.

ORAÇÃO PARA QUEBRAR OS PADRÕES DA SUA VIDA

Deus Pai, vejo que existem padrões em minha vida, e estou cansado de viver com base neles. Peço hoje a sua graça e a sua misericórdia para me ajudar a mudar a maneira como penso e quebrar essas mentiras/crenças.

Arrependo-me de minha parceria com __________ ______________________________ (liste cada atitude-padrão), em minha vida e peço que o Senhor me ajude a reconstruir minhas crenças relação à minha vida e às minhas ações.

Permito-me escutar quais são as tuas verdades e que informações tu, Deus Pai, gostarias de trazer para mim neste momento: ______________________________ (Veja e anote que verdades e informações que Deus Pai gostaria de lhe trazer, mostrar ou falar com você).

Declaro liberdade sobre minha vida, meus relacionamentos, minha família e minhas finanças no poderoso nome de Jesus.

capítulo 04

Encontrando Deus em minha dor

"Se fizermos novamente a pergunta: "Por que Deus permite que o mal e o sofrimento continuem?" e olhamos para a cruz de Jesus, ainda não sabemos qual é a resposta... Porém, agora sabemos qual não é a resposta. Não pode ser que Ele não nos ame. Não pode ser que Ele seja indiferente ou desapegado da nossa condição. Deus leva nossa miséria e nosso sofrimento tão a sério que estava disposto a assumir isso sozinho."
Tim Keller

Minha esposa Késia e eu estudamos na Escola de Ministério Sobrenatural da Bethel (BSSM), em Redding, Califórnia. Eu estudei dois anos nessa escola e minha esposa, três.

Ela também serviu no ministério SOZO e no *"Transformation Center"* (Centro de Transformação), durante seu terceiro ano de escola. Ela também teve grandes experiências com relação à paternidade de Deus no *"Catch the Fire"*, em Toronto, Canadá, que basicamente trabalha a paternidade de Deus. Inclusive, o grande avivamento que ocorreu nessa cidade, nos anos 1990, aconteceu e era Deus Pai trazendo cura, experiências e revelação sobre Sua paternidade. As pessoas caiam no chão cheias do poder de Deus; e, mais do que cair, elas se levantavam diferentes. Existia cura em seus corações de dores, feridas e experiências com a Paternidade Deus Pai, com Jesus e Espírito Santo. É importante salientarmos que, onde ocorrem coisas poderosas em Deus, isso sempre está atrelado a pessoas sendo curadas, restauradas na paternidade e em suas identidades, pois um lugar de avivamento requer um estilo de vida onde podemos viver o sobrenatural de modo natural; isso acontece porque podemos ser homens e mulheres onde somos funcionais e podemos carregar a Sua Presença.

Embora Késia e eu não tenhamos nos conhecidos durante o período de escola ministerial, fomos formados no mesmo local, com o mesmo DNA e os mesmos valores.

Meu primeiro ano na escola de ministério foi incrível! Toda semana tínhamos um novo pregador famoso e ungido; e eu estava sempre tendo encontros com o poder de Deus que me colocavam no chão, de modo que eu tremia sob o Seu poder. Sempre parecia estar encontrando Deus ainda mais do que alguns de meus colegas, e esse foi um momento incrível, com Deus Pai fazendo muitos milagres em minha vida.

Essa escola sobrenatural é um programa de dois anos com um terceiro ano opcional para estágio. Decidi participar do segundo ano e presumi que o segundo ano da escola de ministério seria praticamente igual ao primeiro, apenas com mais treinamento em liderança, mas eu estava completamente errado. Deus preparou esse segundo ano para enfrentar essas áreas de trauma em minha vida que eu vinha evitando há tanto tempo.

O aconselhamento de que falei no capítulo anterior também aconteceu nessa mesma época. Acredito que foi entre o primeiro e o segundo ano da escola que comecei a entender melhor o que estava dentro de mim, encarar tudo que eu precisava e, principalmente, iniciar minha jornada de cura. O relacionamento que eu tinha no primeiro ano havia terminado e, quando entrei no segundo ano da escola, estava pronto para um novo começo.

O GATILHO QUE DETONOU A BOMBA DENTRO DE MIM

Lembro que um dia uma mulher veio à nossa escola e partilhou todos os testemunhos incríveis do que Deus estava fazendo na África. Eu estava sentado a algumas fileiras da frente e, enquanto ela compartilhava, meu sangue começou a ferver, de modo que comecei a ficar muito desconfortável. Enquanto ela continuava a compartilhar sobre todos esses milagres acontecendo do outro lado do mundo, comecei a pensar: "Por que Deus não está fazendo todas essas coisas incríveis aqui na América e na minha vida?". Essa pergunta, em minha mente, me pegou desprevenido por causa das emoções por trás dela.

A verdade é que Deus me encurralou em um lugar do qual eu não poderia mais fugir, e não fiquei feliz com isso. Não consegui fazer todas as coisas que pensei ser capaz naquele segundo ano da escola, como viajar com meus heróis ao redor do mundo e pregar o evangelho. Meus maiores problemas naquele momento não estavam relacionados a essa mulher que ministrava; na verdade, minha raiva estava fervendo contra Deus onde todos meus gatilhos estavam sendo acionados.

Deus havia fechado todas as portas para essas coisas para que eu pudesse lidar com a minha dor, e eu nem havia percebido isso. Eu me vi tendo que me submeter ao crescimento pessoal e transformacional que Deus Pai estava fazendo em um nível profundo dentro de mim, e esse foi o cenário perfeito para Deus me encontrar em minha dor.

Enquanto aquela mulher continuava falando, de repente, senti vontade de me levantar da cadeira e gritar com ela! Felizmente, antes de fazer isso, saí da igreja e fui dar um passeio com Deus. Finalmente admiti para mim mesmo que estava zangado com Deus Pai e com o momento que estava vivendo. Na verdade, estava zangado com muitas coisas na vida e finalmente estava disposto a admitir isso.

Essa raiva foi crescendo dentro de mim e, quando me afastei algumas centenas de metros da igreja, não aguentei mais e comecei a gritar com Deus! Eu literalmente comecei a gritar, a falar palavras feias para Deus, e dizer o quanto estava cansado daquele processo e de tudo mais. Toda a dor que eu havia reprimido dentro de mim durante todos os anos da minha vida finalmente se havia se transformado em uma raiva incontrolável, e eu deixei Deus ficar com tudo!

Não escondi nada, soltei todo o veneno do meu coração a Deus, dizendo a Ele que odiava tudo aquilo, que estava com raiva porque depois de todo esse tempo ainda havia dor dentro de mim. Depois de gritar e berrar contra e para Deus, pelo que pareceram alguns minutos, pensei que Deus Pai estava prestes a me matar, mas fiquei surpreso ao perceber que realmente comecei a sentir Sua presença amorosa. Em minhas lágrimas, em meus gritos e em minha raiva, Deus não ficou distante. Na verdade, Ele se aproximou de mim.

"Perto está o SENHOR dos que têm o coração quebrantado e salva os de espírito abatido. Muitas são as aflições do justo, mas o Senhor o livra de todas". (Sl 34:18-19NVI).

Ele me encontrou com seu terno amor e com sua presença. Fiquei chocado! Pensei que, se eu estivesse com raiva de Deus e falado tudo que havia falado, Ele certamente me mataria ou pelo menos me puniria de alguma forma. Mas Deus estava prestes a me ensinar algo muito importante, e era isto: Ele não é um Deus Pai que só quer minha bondade e força; Ele quer cada parte de mim. Ele quer o bom, o mau e até o feio, e não tem medo da minha raiva.

Muitas vezes, pensamos que Deus só quer a nossa força e o que há de bom em nós, mas isso está longe da verdade. Não há fraqueza em Deus, Ele é absolutamente forte e absolutamente capaz. Ele não quer a sua força, Pois não precisa dela! Ele quer a sua fraqueza, pois isso é algo que Ele não tem.

Fiquei impressionado com essa realidade naquela época, e hoje ainda continuo. Deus realmente é tão bom quanto Ele diz que é, e eu estava prestes a experimentar Sua bondade que me levaria a um nível mais profundo de cura. Percebi que o que faltava na minha vida era honestidade e verdade. Eu só precisava ser honesto com Deus, com meus colegas e comigo mesmo sobre onde eu estava e o que estava acontecendo.

Decidi que seria real e verdadeiro com Ele, e vi como Deus Pai se tornou mais real para mim. Nos momentos de adoração na escola, sempre que eu tentava fazer o que todo mundo estava fazendo na adoração, eu simplesmente ficava com raiva. Eu não era capaz de experimentar Deus quando levantasse as mãos ou dançasse no momento de louvor. Então, o que eu faria seria me deitar no chão, chorar e gritar com Deus, deixando que Ele ficasse com todas as minhas frustrações e toda a minha dor; e, nesses momentos, Sua Presença vinha sobre mim como um cobertor e acalmava minha alma com Seu amor e sua ternura.

A única maneira de explicar isso é que era como se Deus Pai estivesse lavando meu coração da dor cada vez que eu o expunha a Ele, e isso iniciou uma jornada de cura para mim de que eu nem sabia que precisava. Descobri que, se Deus Pai não tem medo da minha raiva e da minha dor, então por que eu deveria ter medo de enfrentá-las? Comecei alguns tipos diferentes de aconselhamento com profissionais privados e mais tarde até fiz um programa de grupo anual através do sistema de assistência médica militar chamado *Veterans Affairs.*

Minha jornada de cura para todos esses traumas violentos, sexuais, entre outros da minha vida começou quando finalmente tomei consciência do que realmente estava acontecendo dentro de mim e enfrentei minha dor.

MINHA DOR SE TORNOU UM LUGAR DE CURA PARA OS OUTROS

Enquanto eu escrevia este capítulo, Deus alinhou as datas de uma forma muito profética. Exatamente no mesmo fim de semana em que estava escrevendo este capítulo e precisava enviá-lo ao meu editor, estava revivendo essas experiências e esses acontecimentos. Minha esposa e eu estávamos ministrando cura interior em uma reunião de fim de semana em uma igreja numa fazenda, e eu estava ministrando uma mensagem que é basicamente este capítulo ao vivo e a cores. Deus estava permitindo me reconectar com minha própria dor para colocar mais emoção nesta seção do livro.

Quando ensino isso em púlpitos por todo o Brasil, posso observar os rostos dos feridos e quebrados enquanto eles se reconectam com sua dor. Posso ver e sentir em seus rostos quais foram vítimas de abuso e quais sofreram traumas ainda piores que os meus, e tenho o privilégio de conectá-los à sua dor através da minha dor, para que Jesus possa abrir seus corações e abri-los para a cura.

Enquanto eu estava ministrando naquela reunião, fizemos um exercício no qual peço às pessoas que se conectem com sua raiva, frustração, ou dor e liberem sua raiva e tudo isso para Deus Pai. Uma mulher idosa estava passando por um momento difícil, e pude ver que ela estava presa e não conseguia liberar a dor que a aprisionava. Fui até lá e fiz uma breve oração dizendo simplesmente: "Jesus está aqui, você pode deixar tudo sair".

Contou-me, depois, que foi como se seu coração explodisse com toda a dor que havia se acumulado ao longo dos anos, e ela então começou a bater a cadeira que segurava a sua frente com força nas mãos e ficou gritando: "Não, não, não, por que você fez isso comigo..." Ela continuou batendo a cadeira e gritando incontrolavelmente, balançando a cabeça para a frente e para trás até cair no chão, suando e chorando.

Sinceramente, de início, fiquei um pouco preocupado, imaginando se trazer a dor de volta a sua vida faria a ela algum bem. Mas já vi Deus Pai fazer muito mais para trazer liberdade às pessoas para me preocupar com o fato de que isso talvez não funcionaria também para aquela mulher. E quando Ele está na frente, existe um lugar seguro para nosso coração.

A dor ficou reprimida por tanto tempo dentro dela que a fechou emocionalmente durante anos. Depois que a dor e a raiva tivessem um lugar para serem liberadas, ela poderia agora começar a escolher um novo caminho na vida. Quando não permitimos que uma emoção aconteça em nossa vida, desligamos todas elas. Quando você fecha seu coração para a raiva, também desliga seu coração para poder se conectar com o amor. Aquela mulher vinha reprimindo sua dor há tanto tempo que provavelmente não sentia muita emoção na vida.

Fazemos isso com bastante frequência para proteger nosso coração. Quando ficamos com o coração partido em um relacionamento, por exemplo, começamos a usar coisas para defender nosso coração, para não nos machucarmos mais. Aquela mulher provavelmente estava usando a repressão como forma de proteger seu coração, pois essa é uma forma de mecanismo de defesa que usamos.

MECANISMOS DE DEFESA

Sempre que falamos de mecanismos de defesa precisamos entender o que são e por que os utilizamos. Usamos mecanismos de defesa para nos proteger da dor, do trauma e do desconforto. Nosso coração não suporta tanta dor, e, assim, ao longo de nossas vidas, iniciando na infância, muitas vezes começamos a nos proteger e nos defender por meio desses mecanismos.

Para mim, comecei na adolescência bebendo, usando drogas e mentindo como forma de me proteger e trazer fuga da dor, inclusive da dor do pecado em que vivia. Mesmo assim, esse comportamento continuou e levou à sabotagem da minha carreira nas forças armadas e, mais tarde, como empreiteiro de segurança no Iraque. Na verdade, eu já havia me sabotado várias vezes nas forças armadas por meio do meu comportamento, mas as consequências finalmente aconteceram trabalhando como guarda-costas no Iraque.

Meu mecanismo de defesa preferido era a repressão; eu suprimi toda a dor e nem percebi que estava com dor – até que Deus a descobriu dentro de mim. Assim que percebi isso, não consegui deixar de ver todas as coisas que havia reprimido por tanto tempo.

Sempre que não enfrentamos a nossa dor e nosso trauma, e não vivemos a partir da verdade, sempre criaremos mais problemas nas nossas vidas, nos nossos relacionamentos, e sabotaremos o propósito que Deus tem para nós. É apenas uma questão de tempo, mas tudo voltará como destino.

Talvez você seja cristão e não abuse de substâncias químicas para lidar com a vida e, tentar proteger e confortar seu coração. Mas também existem muitos tipos diferentes de mecanismos de defesa que usamos, como a projeção, a racionalização, a identificação, a repressão, a sublimação e, especialmente, a negação.

NEGAÇÃO

Uma das formas mais comuns de utilização de mecanismos de defesa é a negação, uma vez que ela lhe dá a capacidade de se afastar da realidade da situação e da dor que causa quando uma mente imatura entra em conflito com a capacidade de lidar com a realidade. Talvez você não tenha tido seus pais, ou um deles, enquanto crescia, então, nega que isso fosse importante e que nunca precisou realmente deles. Você usou esse mecanismo em todos os eventos, aniversários e comemorações que teve porque seu coração não suportava o fato de que seus pais não sabiam como lhe amar o suficiente para estar presente em sua vida. Você provavelmente disse coisas como: "Não é importante que meus pais estejam aqui no meu jogo; eles estão ocupados trabalhando ou fazendo algo mais importante". Em essência, o que você está dizendo é: "Meu coração não é importante e vou negar a realidade de que isso dói".

Muitas pessoas também usam a negação para se afastar da realidade de sua situação e da responsabilidade pelo que precisam fazer para mudar. Mudar é realmente difícil, e é muito mais fácil negar a realidade em que você está vivendo do que encarar a verdade.

Eu também acredito que muitos cristãos usam a negação como forma de proteger seus corações porque, mesmo sabendo a verdade, às vezes eles não a vivem de fato, tendo em vista que não se permitem encarar a realidade de como realmente estão para que a verdade de fato os alcance e os liberte. Isso faz com que nos sintamos hipócritas e nos leva a sentir como se estivéssemos vivendo uma mentira, por isso negamos nossos pecados, nossos sentimentos, a realidade de como estamos apenas para não parecermos maus para aqueles que nos rodeiam e não lidar com que se necessita lidar.

Essa negação está muitas vezes enraizada no fato de não querermos ser rejeitados por Deus ou mesmo rejeitados por outros. Temos medo de admitir a culpa e o nosso real, portanto, negar a verdade é negar o acesso à própria graça em que dizemos acreditar.

Em vez de admitirmos o nosso pecado e recebermos a graça de Deus, sentimos o peso do pecado e da vergonha e tentamos negar a sua existência.

Em vez de admitirmos que precisamos de cura e ajuda, não queremos olhar para ver e encarar nossas debilidades, nossas fraquezas e a nossa realidade.

Protegendo-nos através da religião e do desempenho

Embora não seja um mecanismo de defesa, também podemos usar a religião como desculpa para não mudar e ser curado. Para mim, quando entreguei minha vida a Jesus e realmente recebi a salvação, pensei que, como agora sou uma nova criatura e tudo muda, todo o meu passado será lavado e resolvido. Sim e não. A realidade é que, embora todos os nossos pecados passados estejam sob o sangue de Jesus, ainda assim a dor passada em nosso coração e em nossa alma é frequentemente trazida para nossas novas vidas em Cristo Jesus.

Somos justificados em Cristo Jesus, mas estamos todos em um processo de santificação nEle, e isso só acontece por intermédio da renovação da nossa mente. Paulo diz em Romanos 12:2 que não devemos ser conformados com o mundo, mas transformados pela renovação das nossas mentes. As nossas mentes devem ser renovadas pela verdade da palavra de Deus, e isso requer desconstruir as nossas verdades, sair da forma e, se permitir ser transformado para poder receber as Dele.

Isso requer de nós que vivamos na verdade em todas as áreas das nossas vidas, visto que todos nós temos bagagens na vida que devem ser revisadas, tratadas e curadas.

Na verdade, como mencionei, a nossa geração tem o maior trauma no seu DNA da história e, por causa disso, estamos desesperados para nos proteger de sentir mais dor. Não conheço ninguém que apenas espere que hoje passe por mais sofrimento, mais trauma ou mais dor emocional. Ninguém quer isso, e por esse motivo fazemos o nosso melhor para evitar a dor, custe o que custar.

Por mais selvagem que pareçam, esses mecanismos de defesa, ou seja o que for que usamos para nos proteger que seja Deus Pai, podem, na verdade, destruir tudo o que dizemos, temos e que amamos. Algumas pessoas protegem sua mágoa e dor com tanta força que destroem suas famílias e perdem tudo só porque não querem enfrentar a realidade de sua dor e do seu trauma. É quase como se eles estivessem tão acostumados com a dor que ela acaba sendo mais próxima deles do que seus relacionamentos mais íntimos.

NOSSOS CORAÇÕES PARCIAIS

Minha esposa e eu trabalhamos com pessoas quase todos os dias na área de cura interior. Encontramos tantas pessoas que querem dar todo o coração aos seus maridos ou esposas, que querem colocar todo o seu coração em suas famílias ou em seus ministérios, mas a dura verdade é que eles não têm mais o seu coração inteiro.

Eles espalharam partes de seus corações por todo o mundo em vários relacionamentos e em diversas épocas que já passaram. Partes de seus corações ainda estão entrelaçados disfuncionalmente com seus pais e, irmãos ou presos a amantes do passado. Independentemente do quanto queiram hoje dar o coração aos seus cônjuges, não têm todo o coração para dar.

Jesus disse que o maior mandamento é este: "**Ame** a **Deus** com **TODO** o seu **coração, mente, alma e força** e ame o seu **próximo** como a **si mesmo**" (Mc 12:30). A maioria das pessoas tenta amar a Deus de todo o coração, mas na verdade não têm o coração inteiro. Hoje, o coração partido é muito comum. Nosso coração foi partido por um pai que nunca existiu, por uma mãe que era narcisista, pelo primeiro casamento de uma pessoa que não durou ou por vários relacionamentos que terminaram em infidelidade.

É impossível dar a Deus todo o nosso coração quando não temos todo o nosso coração. Talvez nosso pai tenha levado 10% na nossa infância, o homem que abusou de nós tenha levado 40%, nosso primeiro par romântico tenha levado outros 30%, e então vamos a Deus com 20% do nosso coração, porque o restante está preso na dor, nos traumas e nas pessoas do nosso passado.

É interessante que Davi teve esta revelação: *"cria em mim um coração limpo, ó Deus"* (Sl 51:10). Ele sabia que havia algo errado com seu coração porque isso o estava levando por alguns caminhos de pecado para os quais ele não queria ir.

Você percebe que a sua dor pode estar liderando a sua vida, e não Deus? É verdade! Geralmente somos guiados pela nossa dor não resolvida e, se não curarmos o nosso coração, a nossa dor conduzirá as nossas vidas em vez da voz de Deus.

Veja este versículo de Salmos 139:23-24; observe que está na The Passion Translate (uma tradução para o inglês):

> **"Deus, convido seu olhar penetrante em meu coração. Examine-me completamente; descubra tudo o que pode estar escondido dentro de mim. Coloque-me à prova e analise todas as minhas preocupações ansiosas. Veja se há algum caminho de dor no qual estou trilhando e leve-me de volta ao seu caminho glorioso e eterno – o caminho que me leva de volta a você."**

Você viu isso? **Vamos olhar partes deste versículo:**

"Deus, convido a olhar penetrante em meu coração. Examine-me complemente; descubra tudo que pode estar escondido dentro de mim..."

Davi convida Deus a olhar, sondar, examinar o coração dele. Se existem áreas para as quais ele convida Deus a olhar, é porque ele não sabe o que está lá dentro. E realmente é assim que funciona a estrutura da psique humana.

> **O carro motor que dirige a nossa vida é o nosso inconsciente.**

Imagina se as escolhas que fizemos, os padrões que temos, as tendências, o que realmente acreditamos, nossos comportamentos e até sentimentos que venham a surgir venham deste lugar... Como podemos ser autores de nossa própria história, viver um relacionamento com Deus Pai em liberdade, andarmos na liberdade inclusive em nossas relações se estamos "no escuro" e disfuncionais?

Existe um teórico da psicologia que descreve a estrutura da nossa *psique* como um grande *iceberg*, como um grande bloco de gelo dentro do mar. A parte do nosso consciente é como se fosse a ponta do *iceberg*; a parte subconsciente é aquela em que ora a maré sobe, ora ela desce; ou seja, às vezes nos lembramos dela, às vezes não. E a maior parte do *iceberg* é a que está submersa, ou seja, dentro do mar, e esse teórico descreve como sendo o nosso inconsciente. Se está inconsciente, é porque são áreas escuras em nós, que não vemos com clareza e nem sabemos o que está lá.

Podemos ver como que a Bíblia descreve sobre nosso coração em **Jeremias 17:9**:

> *"Enganoso é o coração, mais do que todas as coisas, e desesperadamente corrupto; quem o conhecerá?"*

Vemos que o nosso coração é enganoso e nos perguntasmos por quê? A resposta é porque ele tem o poder de nos enganar e nos autossabotar em função de tudo que está lá dentro, de modo que nos impede de ver todas as dores, o ódio, a raiva, o medo, as mentiras, as falsas proteções etc., com qual ele fez parceria e precisou para sobreviver até aqui. Por isso Deus é aquele que esquadrinha, sonda e prova nossos corações. Ele consegue ver aquilo que está lá, mas que nós não conseguimos enxergar.

Deus Pai, com Seu Espírito Santo, precisa trazer à tona a luz do que está no inconsciente para o consciente, pois nesse lugar podemos ser homens e mulheres saudáveis e funcionais.

É nesse momento que podemos olhar para dentro do nosso coração e conectar com o que está lá; então, a luz penetra de tal forma que podemos responder à vida, e não apenas reagir a ela.

"Veja se há algum caminho de dor em que estou trilhando".

Davi chegou à conclusão de que a dor era quem estava realmente guiando sua vida, e não Deus. Pela nossa experiência, temos visto muitas pessoas sendo guiadas pela dor e tentando evitá-la que, em vez de serem guiadas por Deus, estão sendo conduzidas por são seus corações partidos.

Neurologicamente, cada experiência que vivemos é armazenada no cérebro. Quando pensamos ou agimos, são como pequenos impulsos de eletricidade que passam por entre as células do cérebro e formam ligações, as quais funcionam como "arames", "caminhos" pelos quais correm esses impulsos. É interessante ver como funciona nosso cérebro e como Davi já tinha se dado conta disso também. Cada experiência produz um caminho, logo, quanto mais se repete a experiência, mais marcado fica o caminho. É como uma trilha feita pela floresta, mas em nosso cérebro, e isso logo se torna o modo como acreditamos na vida; e então, nossas verdades se tornam verdades para nós, de modo que caminhamos sobre que acreditamos. Como diz Provérbios 23:7:

"assim como o homem acredita em seu coração ele é..."

Enquanto não encerramos nossas dores, nunca poderemos ver as mentiras em que estamos acreditando!

É por isso que precisamos convidar Deus Pai para a nossa dor, para que Ele possa curar tudo que há de quebrado em nós. Temos que realmente reconhecer a dor, processá-la, curá-la e permitir que Deus nos conduza de volta a Ele para, então, fazer novos caminhos cerebrais que caminhem nas verdades do céu sobre nossas vidas.

A dor pode se tornar um amigo que continuamos levando ao longo da vida, um amigo que pensamos que está lá para nos ajudar, mas na verdade não está. Para pessoas que passaram por muitos sofrimentos e traumas, é normal simplesmente caminhar pela vida e viver com dor, mas esse não é o normal que Deus planejou para nós. Jesus disse, "Pois, *quem o filho liberta é verdadeiramente livre*" (Jo 8:36). A liberdade é a porção que Deus quer dar a você, não a dor. Lembre-se: Deus não nos falaria sobre metanoia, renovação de mente, assunto que abordaremos mais adiante neste livro, se isso não fosse possível para nós.

A ciência comprova isso quando trata de neuroplasticidade, que é quando o neurônio consegue formar novas conexões, ou seja, novos caminhos.

LIDANDO COM SUA DOR

Esta última parte do capítulo é com você. Se estiver pronto, acredito que Deus está te chamando para começar ou, quem sabe, continuar sua jornada de cura aqui.

Talvez seja a hora de você tirar a tampa de tudo o que está guardando em seu coração. Eu sei que não é fácil, mas vale a pena.

Se preciso, pegue um caderno de notas do telefone ou papel que possa fazer anotações. Pergunte a Deus Pai agora mesmo:

A) "Deus Pai, o Senhor é um lugar seguro e confiável para eu expressar minha dor?" Pergunte a Ele se Ele o ama e estará de fato com você, para que possa expor a Ele suas fraquezas, seu quebrantamento, seu ódio, sua raiva e seu coração ferido.

Se por acaso você não se sentir confiável e seguro diante dEle, existe alguma razão para isso.

Então, seja intencional neste momento. Perguntando ao Deus Pai:

B) Que aconteceu na minha vida e em que mentiras eu tenho acreditado o Senhor você que me leva a não confiar em Ti e nos distancie?

Quem eu preciso perdoar que contribuiu para que eu acreditasse nessas mentiras sobre ti?

Faça o que for preciso, mas decida limpar seu coração desses bloqueios entre você e Deus Pai até que seja seguro e possa acreditar que Ele realmente é bom, até que seja um lugar seguro para que você possa ir e estar como você está.

Se Ele disser que é um lugar seguro, vamos lá! Separe um tempo agora para abrir a tampa de todas as emoções guardadas do seu passado. Se estiver seguro diante dEle, permita sentir a dor que você negou ou reprimiu, a tristeza pela perda, a dor do abuso e o rompimento dos relacionamentos anteriores, palavras que até hoje gritam na sua cabeça... Expresse cada sentimento de seu coração a Deus Pai nesse momento.

Se for preciso, pegue um papel e uma caneta, e, em escrita, coloque isso tudo diante de Deus Pai.

Agora, peça ao Espírito Santo para ser o Consolador que Ele é para você, e de que você necessita, e permita que Ele entre e comece a curar seu coração partido...

"Bem-aventurados os que choram, porque eles serão consolados" (Mt 5:4). Libere o que existe dentro de você e se permita receber o consolo dEle.

Muitas vezes, por alguma razão, não nos permitimos chorar, seja por orgulho, seja porque precisávamos ter sido "fortes"; também foi nos dito a mentira de que chorar é para fracos, e de alguma forma aprendemos a reprimir a dor dentro de nós.

Mas como podemos receber e experimentar o consolo do Espírito Santo se não nos permitimos chorar, processar e nos quebrantar diante dEle?

É interessante quando estudamos a Bíblia e podemos fazer o versículo de modo inverso para observação dele; veja como ficaria neste caso este versículo de Mateus 5:4: *"Amaldiçoados os que não choram, porque estes não serão consolados."* Então, se permita!

A palavra de Deus também diz: *"... O choro pode durar uma noite, mas a alegria vem pela manhã"* (Salmos 30:5).

Vemos que existe um período de choro - uma noite! Sabemos que uma noite às vezes pode parecer longa, mas existe o tempo e o processar as dores dentro de nós depois disso, a alegria vem pela manhã.

Lembre de que nos damos o perdão por causa do poder daquilo que Jesus fez na cruz por nós. Na verdade, o perdão é a coisa mais egoísta que podemos fazer, pois o maior beneficiado é aquele que perdoa. Você libera o veneno que estava dentro do seu coração e que o está corroendo. Mas processar a dor é diferente de apenas liberar o perdão de todo coração. Em outras palavras, perdoar é poder pontuar os sentimentos e as emoções dentro de você e verbalizar ao Espírito Santo tudo que vem e está dentro de ti permitindo-se sentir Sua presença e seu amor preenchendo-o e consolando-o.

C) Confesse qualquer pecado que tenha e que possa ter criado essa dor... Quem sabe você também precisa se libertar de dores que provocou nos outros e em você mesmo. Permita-se!

Então, pergunte para Deus Pai:

D) Deus Pai, poderia me mostrar agora em que mentiras eu comecei a acreditar por causa dessas dores, dessas feridas em meu coração?

Deixe que Ele traga a você quais crenças e, mentiras que formaram as lentes através das quais hoje você vê da vida, bem como que lhe permita enxergar quais padrões podem terem sido estabelecidos na sua vida em função dessas mentiras.

E) Declare agora: Eu renuncio a mentira que ______________________. Renuncie agora todas as mentiras que o Espírito Santo pode trazer a você e quebre toda e qualquer ligação entre você e elas.

F) Entregue agora a dor, a raiva, o sentimento de injustiça, o ódio, a mágoa e a ferida a Deus Pai; pegue agora cada um deles e entregue em Suas mãos.

G) Agora pergunte a Deus Pai: Deus Pai, que verdade o Senhor quer me dizer e entregar agora? Perceba agora que verdades Ele tem para você, que informações Ele gostaria de lhe dar nessa hora. Muitas vezes, podemos ouvir a voz de Deus como um pressentimento, uma imagem, uma sensação, uma voz interna ou de outras maneiras. Então, tenha a sensibilidade para perceber como Deus está falando.

Logo após você receber quais são as verdades do céu para sua vida, diga:

H) Deus Pai, quando o Senhor olha para mim, de que maneira o Senhor me vê?

Sinta, veja, perceba o que Ele diz a você e o que libera sobre sua vida, pois aquele que te criou e sabe quem você é de verdade.

Tome hoje a decisão de começar a viver a verdade, tendo em mente que a liberdade está chegando para você hoje.

Volte a essa oração, de modo bem intencional, quantas vezes precisar fazê-la e ouse a explorar o que Ele fala com você e como o dirige, mas também o que você sente, percebe e, vê.

capítulo 05

Liberdade a qualquer custo

*"Tudo pode ser tirado de um homem, exceto uma coisa: a última das liberdades humanas – **escolher** a própria atitude em qualquer conjunto de circunstâncias, escolher o próprio caminho."*

Vitor Frankl – Em busca de sentido

Escolhi esta citação apresentada de um livro chamado *"Em busca de sentido"*, o homem que a escreveu sobreviveu à devastação do holocausto. O holocausto foi os campos de extermínio de judeus pelos alemães nazistas, onde milhões de judeus e outros grupos de pessoas foram mortos. Este homem, Vitor Frankl, foi um sobrevivente, mas também estudou sobreviventes daquele genocídio horrendo e traumático. Ele concluiu que aqueles que determinaram em sua mente que iriam sobreviver, sobreviveriam; ele disse que isso era possível porque, mesmo depois de tirarem tudo de nós, não poderiam tirar nossa atitude e nossa vontade de viver.

Em nossa jornada de cura, chegamos a um ponto em que precisamos tomar uma decisão, seja nos libertar, seja permanecer cativos e presos a qualquer trauma ou dor que você tenha. Chega a um ponto em que ou escolhemos a liberdade ou desistimos de tentar. Acredito que este livro está em suas mãos agora porque Deus está conduzindo você para a liberdade, e Ele está te conduzindo porque é disso que você precisa. Para mim, eu estava cansado de ser cativo das mentiras, preso na dor, dos velhos padrões da minha alma, das crenças ímpias e de carregar fardos que não eram meus. Eu estava muito cansado, e já estava cansado há muito tempo.

EU SÓ QUERO MORRER

A primeira vez que tentei suicídio tinha quinze anos, e foi depois do início do abuso sexual e do uso de drogas. Senti tanto peso e vergonha por esconder meu pecado que um dia cheguei em casa e tomei todos os comprimidos que tinha. Depois de cerca de uma hora, eu estava me sentindo muito mal e pensei que poderia morrer, então contei à minha mãe o que havia feito e ela me levou ao hospital para tratar uma overdose.

Foi depois dessa primeira tentativa de suicídio que comecei a tomar medicamentos prescritos para depressão e ansiedade. Até aquele momento, eu simplesmente ficava chapado com drogas e bêbado com álcool para lidar com toda a vergonha e tristeza que sentia todos os dias. Eu era uma estrela do futebol e do wrestling.[1] Mas tinha meu pecado, minha vergonha e um relacionamento abusivo em minha vida que estava escondendo.

1 Wrestling é uma modalidade olímpica em que não se permite socos ou chutes, a modalidade trabalha, sobretudo, com o aspecto de imobilização do oponente. [N. R.]

No meu aniversário de dezessete anos, entrei para o Corpo de Fuzileiros Navais dos Estados Unidos -, esse foi o presente de aniversário dos meus pais: o consentimento para entrar no exército. Enquanto eu estava assinando os papéis, lembro-me de o recrutador me perguntar se eu tomava algum medicamento prescrito para depressão ou ansiedade, ao que respondi: "Sim, tomo! Tomo prozac"; ele então respondeu: "Não, você não toma". Confuso, respondi "sim, sim, tomo..." ele olhou para mim e disse: "Andy, não, você não toma. Você não pode ingressar no Corpo de Fuzileiros Navais e tomar remédios para depressão". Entendi o que ele estava dizendo e respondi em voz alta: "Ah não, não estou tomando nenhum medicamento prescrito".

Ele perguntou por que eu estava tomando antidepressivos, e eu contei que era porque tinha tentado me matar tomando um monte de comprimidos. Ele me disse algo do qual nunca vou esquecer: "Eu tentei isso uma vez depois do meu primeiro divórcio, então percebi que a vida é boa demais para se matar..." Essa pequena verdade me sustentou por tempo suficiente para eu entrar no exército e deixar todas as drogas e remédios para trás por uma breve temporada.

Eu havia ingressado no Corpo de Fuzileiros Navais em 2003, mas agora aqui estou, na Escola de Ministérios, e tudo que estava dentro de mim veio à tona, e a depressão e ansiedade só pioraram. Mais relacionamentos rompidos, guerra... o trauma se acumula em nossas vidas, mas acreditamos que o tempo faz tudo simplesmente passar ou que a resposta é encontrada nas drogas ou em qualquer coisa que traga alívio à nossa dor, porém, não há respostas para isso.

Eu era cristão agora e ainda estava profundamente em depressão e tomado pela ansiedade, e precisava voltar à medicação mais uma vez. Em duas ocasiões distintas, coloquei uma arma na cabeça e fiz o possível para puxar o gatilho, mas não consegui fazê-lo. Independentemente de quanta dor eu estivesse sentindo, eu ainda tinha um pouco de esperança de que Deus de alguma forma me curaria... ou não?

A segunda vez que coloquei minha arma na cabeça, eu estava em minha caminhonete na beira da estrada em Redding, Califórnia. Lembro-me de sentir tanta dor que só queria que tudo acabasse; na verdade não queria morrer, só queria desaparecer.

Sentado em minha caminhonete Dodge Ram 2500 a diesel, peguei minha pistola Springfield calibre 45 e coloquei o cano frio no lado direito da minha cabeça, chorando e gritando sozinho, coloquei meu dedo no gatilho e gritei: "É isso que você quer, diabo?! É isso que você quer &^@%#^?!" Jogando minha arma na caminhonete até ao chão do lado do passageiro, desabei completamente. É realmente assim que eu quero que isso acabe?

Isso foi tudo para mim, esse foi o meu ponto de quebra.[2] Era hora de fazer o que fosse necessário para me libertar antes de me matar e machucar meus amigos e familiares.

---

2 Em psicologia, o ponto de quebra (ou ponto de ruptura) refere-se ao ponto em que uma pessoa desmorona, não pode mais suportar ou finalmente chega a um ponto em que uma mudança permanente é feita. [N. R]

O HOSPITAL DOS VETERANOS

Estatisticamente falando, mais de 22 veteranos militares dos Estados Unidos se matam todos os dias; sim, se matam todos os dias. Na verdade, perdi mais amigos por overdose e suicídio do que em combate na guerra do Iraque. Cada um dos meus amigos que ingressou no Corpo de Fuzileiros Navais desde o ensino médio foi ferido no Iraque de uma forma ou de outra. O Transtorno de Estresse Pós-Traumático (TEPT) é real e invisível, muitas vezes ninguém sabe o que alguém está passando até que seja tarde demais.

Eu não tinha percebido isso na época, mas meus pais estavam orando por mim há muito tempo para que Deus abrisse uma porta para eu fazer algum tipo de trabalho de cura profunda em minha vida. Até esse ponto, eu realmente não havia buscado nenhuma cura no longo prazo por dois motivos:

Primeiro, eu não me achava tão ruim; além disso sempre acreditei que os outros tinham traumas e experiências piores que os meus. Eu realmente pensei que poderia lutar contra tudo isso sozinho.

O segundo foi o estigma de que, se eu era cristão, já deveria estar livre dessas coisas. Quem o Filho liberta é livre, certo? Então por que ainda estou lidando com ansiedade, depressão e pensando seriamente em suicídio?

Ainda assim, com todas as questões, eu estava determinado a buscar a liberdade a qualquer custo. Eu basicamente tinha duas opções: ou me libertaria ou provavelmente me mataria. Essa era a realidade que eu estava enfrentando. Não havia muito mais que eu pudesse ver acontecendo. Não havia meio-termo. Foi tão extremo para mim que era liberdade ou morte.

Joe, meu amigo do Corpo de Fuzileiros Navais, fez um programa de um ano para veteranos, de Transtorno de Estresse Pós-Traumático (TEPT). Ele disse que isso mudou a sua vida e, embora eu não confiasse no governo ou no Hospital dos Veteranos, confiei no Joe, pois tínhamos passado por muitas coisas ao longo dos anos. Joe era como um irmão mais velho para mim no Iraque; ele não era atirador, mas era fuzileiro naval de infantaria. Ele era o responsável por retirar todo o equipamento dos fuzileiros navais mortos, nossos amigos, antes de enviarem seus corpos de volta para a América.

Joe me contou como entrar nesse programa, e eu me forcei a fazê-lo. Mudei de uma cidade para outra só para fazer essa reunião semanal. Quando começamos as primeiras semanas, fiquei chocado ao descobrir que cerca de três gerações de guerreiros buscavam a cura comigo: veteranos da guerra do Vietnã e veteranos das guerras do Iraque e do Afeganistão. Alguns desses homens esconderam sua dor e seu trauma durante mais de cinquenta anos, nunca contando a ninguém os seus segredos mais profundos, mais obscuros e vergonhosos.

Como grupo, começamos a aprender os efeitos do Transtorno de Estresse Pós-Traumático e como ele afeta a vida das pessoas, os relacionamentos, as famílias, entre outras coisas. Decidi que não me permitiria ser como esses homens que passaram por três ou quatro casamentos e que desperdiçaram cinquenta anos de suas vidas porque havia uma dor que eles não tinham resolvido em suas vidas.

Esse programa de um ano fez parte de uma longa lista de coisas que me ajudaram no processo de cura. Eu também fiz uma sessão de SOZO que, ironicamente, minha esposa e eu agora lideramos o ministério Bethel SOZO aqui no Brasil. Fiz um curso de uma semana chamado Restaurando as Fundações, e também um curso de uma semana para veteranos chamado "Operação Guerreiro Restaurado" e depois também voltei a surfar.

De todas as coisas que fiz, o surf teve um dos maiores impactos na minha jornada de cura naquela temporada. Os homens precisam de desafios e aventuras, e, anos depois da guerra, precisei novamente de desafios físicos e de adversários. O surf me permitiu encontrar Deus e obter cura de maneiras que nunca imaginei. Eu viajava para Santa Cruz, Califórnia, para passar semanas trabalhando na construção e surfando nas ondas frias e poderosas do oceano Pacífico, de manhã e à noite.

Deus usou cada coisa que eu fiz para me curar e para restaurar o que de quebrado estava dentro de mim e em minha alma. Da atividade física e do surf a compartilhar o sofrimento com a terapia de grupo com outros homens que fizeram coisas na vida e na guerra das quais se envergonhavam. Cada aspecto dessa jornada de cura foi um pouco diferente, mas tudo contribuiu para a restauração e para que eu me tornasse quem sou hoje.

Eu quero encorajá-lo com algo aqui. Quer você seja cristão ou não, Deus está te dando oportunidades de obter cura de várias maneiras. Minha esposa e eu trabalhamos com pessoas todas as semanas para ajudá-las a obter a cura nesta jornada, e, sim, é uma jornada. Você não se machucou e está como está em apenas um momento da vida, então não será como um estalar de dedos que você ficará inteiro. Embora eu acredite absolutamente em Jesus e saiba que é possível ser completamente curado em um momento, geralmente vejo essa cura como um processo. Muitas vezes, temos que reaprender a como fazer a vida e fazê-la de modo saudável.

Nosso cérebro e nossa alma são complexos, e Deus usa diferentes ministérios, diferentes experiências e processos para cura, sim, até mesmo medicamentos para ajudar e complementar esses processos. O grande problema dos medicamentos e dessas drogas é quando você não encara o que é necessário e os utiliza para amortecer as dores que você precisa encarar e trabalhar. Fugir nunca foi uma boa ideia! Não permita que a vergonha, o medo, a condenação ou até mesmo o orgulho o impeçam de obter a cura de que precisa.

A dor nem sempre é autoinfligida, mas a cura deve ser.

"Liberdade a qualquer custo" é realmente difícil de viver e mais caro do que imaginei que seria. Quando você evita a dor há por longos anos, não quer realmente ir lá e experimentar tudo de novo. Mas o que vale para nós é viver em verdade e liberdade. Ainda hoje tenho de lembrar que preciso buscar a liberdade custe o que custar. Ainda preciso ter conversas difíceis em meus relacionamentos; ainda preciso confessar meus pecados a Jesus, preciso de pessoas confiáveis para quem eu abro meu coração; e ainda preciso me sentar em minha dor e pedir cura a Deus. Ainda preciso andar na verdade e pedir a graça de Deus.

A Bíblia diz *"Conhecereis a verdade, e a verdade vos libertará".* Achamos que isso significa: apenas entendemos o que é verdade, e então a liberdade chega. Não, isso realmente significa que, quando você conhece a verdade e deseja a liberdade, será necessário que viva a partir da verdade em todas as áreas da sua vida. Viver na verdade não significa que tudo está de acordo com o que você deseja. Não! Significa que você tem que buscar a verdade, e depois, vivê-la, praticando-a a cada dia.

A verdade muitas vezes é mais dolorosa do que desejamos.

E se a verdade for que seu casamento está realmente quebrado? E se a verdade for que o seu relacionamento com Deus Pai não é tão bom assim? E se o motivo do fracasso do seu negócio não for por causa de seus funcionários ou da economia, mas por sua causa? E se a verdade for que você destrói todos os seus relacionamentos porque é egoísta...

A verdade é difícil, mas viver uma mentira para sempre é mais difícil ainda. A verdade traz liberdade, ao passo que viver uma mentira traz décadas de dor e destruição.

Através de tudo isso, descobri uma revelação poderosa: podemos viver sem vergonha diante do Rei Jesus e, completamente abertos a Ele em todas as áreas da nossa vida. Essa é a verdadeira intimidade. Não escondo mais minha raiva de Deus Pai, não escondo mais dEle meu desânimo. Houve muitas coisas nos últimos quatorze anos servindo a Deus que não funcionaram da maneira como eu queria.

E por mais que eu desejasse que sim, estou bem com o fato de que não funcionaram do meu jeito. Isso não elimina a dor e o desânimo, mas posso confiar em Deus ou não, e essa é uma decisão que todos temos que tomar.

A dor pode ou não ter sido causada diretamente pelas nossas escolhas, mas a cura será uma decisão nossa.

Ao escrever os dois últimos capítulos deste livro, tive que me reconectar com algumas das coisas dolorosas que experimentei como cristão, e foram muitas. Muitas das coisas que pensei que Deus Pai tinha dito e não erram; muitas vezes confiei em pessoas e fui decepcionado, muitas coisas que não aconteceram do jeito que eu esperava. No entanto, tenho que viver a minha vida na verdade e em liberdade, não posso negar a dor que essa vida nos causa e não posso culpar Deus. E você também não pode.

A ARMADILHA DA EXPECTATIVA

Há algum tempo, eu estava ouvindo um podcast e uma pessoa descreveu exatamente meus sentimentos. Ele disse que você está se sentindo desanimado porque está decepcionado. Você pensou que algo iria acontecer e não aconteceu, ou algo que você pensou ter sido prometido foi tirado de você. Todos nós já experimentamos engano na vida, mas a forma como reagimos ao engano e à dor que ele causa, nos levará à liberdade ou ao cativeiro.

A maneira como respondemos aos desafios da vida e como respondemos a Deus é o que nos manterá vivendo em liberdade.

E essa liberdade custa caro, pois Jesus pagou um preço alto para nos dar acesso a ela.

Anos atrás, uma grande quantidade de dinheiro foi roubada de mim. O dinheiro estava em um investimento que valeria pelo menos três vezes o valor no momento em que escrevo este livro... Era o dinheiro que eu estava economizando para comprar uma casa para o nosso futuro, para os meus filhos. Um dia tudo desapareceu, roubado sem meu conhecimento.

Lembro-me de que não havia nada que eu pudesse fazer para recuperar o dinheiro; e quando comuniquei a situação à minha esposa, ela disse que meu rosto estava completamente pálido. Sem saber mais o que fazer, lembrei-me de algo que aprendi: em momentos de dor e perda, temos a chance de dar a Deus nossa oferta mais cara; em outras palavras, podemos para dar a Ele a nossa adoração quando não entendemos. Em lágrimas, peguei meu violão, sentamos no sofá e louvamos a Deus. São nesses momentos em que não entendemos que a nossa oferta tem o aroma mais doce.

Davi disse o seguinte: “Me recuso a dar a Deus uma oferta que não me custe nada.” (2Sm 24:24). Se quisermos viver em liberdade, devemos dar a Deus aquilo de que Ele é digno, independentemente de como nos sentimos, do que é justo ou não, e independentemente de qual seja o resultado.

Nunca recuperei esse dinheiro, e ainda não recuperei o mesmo valor em minhas economias ou em outros investimentos, mas minha adoração e meu amor por Deus não dependem disso. Ele ainda será bom se eu perder tudo, e devo manter minha liberdade mesmo a esse custo. Devo viver na verdade de quem é Deus, independentemente das minhas circunstâncias, pois Ele é e está acima de tudo.

Muitas vezes, culpamos Deus por quaisquer circunstâncias ou coisas que nos aconteceram, e quando colocamos a culpa nEle e fazemos nossos julgamentos, fica mais difícil ir até Ele para obter o que precisamos.

O PERDÃO NOS TRAZ LIBERDADE

Nossos corpos naturais são incríveis. Temos a capacidade de armazenar memórias e, com isso, armazenar dores através de traumas. Por exemplo, a segunda vez que fui ferido no Iraque foi bastante grave. Meu caminhão passou por cima de um IED (Dispositivo Explosivo Improvisado) em 16 de fevereiro de 2007, perto da fronteira com a Síria. O meu motorista perdeu as pernas, e fiquei inconsciente durante algum tempo, por conta um TCE (lesão cerebral traumática), bem como outras lesões, por exemplo machucar costas, quadril, ombro e também pela perda auditiva.

Ainda em fevereiro deste ano (2024) eu estava reclamando de dores nas costas, pois estava lidando com uma dor incômoda nessa região há quase três semanas. Há uma mulher que limpa a nossa casa uma vez por semana, que trabalha para nós há quatro ou cinco anos. Quando me ouviu falar para Késia que minhas costas estavam doendo há semanas, ela me disse algo interessante: "Andy, você sempre reclama que suas costas doem nesta época do ano; você acha que foi por causa da explosão?". Eu nem tinha percebido, mas tenho certeza de que era isso porque nosso corpo mantém um registro do nosso trauma através da dor.

Na verdade, existe um livro sobre isso chamado *O corpo guarda marcas*, o que fala sobre como acumulamos fisicamente dores traumáticas em nossos corpos. Essa dor é expressa como dor física, embora a raiz do problema seja emocional e traumática, ou seja uma dor da alma.

Anos atrás eu estava na Escola de Ministério da Bethel e estava trabalhando como voluntário nas Salas de Cura da igreja Bethel Church, que são um evento que acontece todos os sábados pela manhã em Redding, Califórnia, onde se abrem a igreja para pessoas que precisam de cura em seus corpos. Equipes de voluntários oram pelas pessoas nas salas de cura, e vimos pessoas curadas de câncer, tumores e outros milagres incríveis que acontecem também. É comum as pessoas chegarem com dor e saírem sem. Na verdade, uma vez eu orei por uma bola que estava no pescoço de uma mulher e ela encolheu sob minha mão!

Um dia, eu estava no estacionamento e senti como se Deus me fizesse querer orar por alguém que não queria entrar na igreja. E, claro, havia uma mulher no estacionamento fumando um cigarro e que usava uma pulseira.

Aproximei-me dela e comecei uma conversa, perguntando se ela iria entrar nas salas de cura para curar seu pulso. Ela estava muito hesitante em falar comigo sobre isso e me disse que tinha vindo com uma amiga, mas nem queria entrar no prédio. Eu disse a ela que não precisava entrar. Na verdade, eu estava ali para orar por quem não queria entrar. Perguntei a ela se poderia orar para que seu pulso fosse curado, e ela concordou relutantemente.

Usando uma técnica simples de oração que aprendi, perguntei qual era o nível de dor em seu pulso. Lembro de ela me dizer que era grave, como oito ou mais de dez. Orei rapidamente por seu pulso e esperei que Deus a curasse. Para minha surpresa, nada aconteceu, não melhorou. Foi quando senti que aquela lesão estava relacionada a um trauma, e perguntei se ela havia machucado o pulso em um acidente traumático ou algo parecido.

Mais uma vez, ela relutantemente começou a falar comigo sobre esse ferimento, mas desta vez explicou que anos atrás ela era policial e machucou o pulso ao perseguir um suspeito. Na verdade, ela teve de matar o suspeito do incidente, porque este havia matado seu parceiro. Eu poderia dizer que ela estava muito triste com a situação. Mesmo que isso tenha acontecido anos atrás, seu corpo carregava a culpa por tudo o que havia acontecido naquele dia.

Perguntei a ela se tinha se perdoado pelo que havia acontecido naquele dia. Disse-me que não e que não podia, mas de alguma forma eu a convenci a pelo menos tentar. Ela começou a liberar o perdão sobre si mesma e, de repente, chocada, olhou para mim.

Ela começou a mover o pulso e a dizer repetidamente: "Não acredito, não acredito, a dor desapareceu completamente!" Ela tirou a pulseira e ficou completamente curada naquele momento.

A LIBERDADE É UMA ESCOLHA E O PERDÃO TAMBÉM

Tudo se resume a isto: o que você precisa fazer para se alinhar com a liberdade que Deus pagou? Se Jesus pagou pela nossa liberdade na cruz? Ele pagou, e temos uma conta cheia de Sua graça. Mas, na verdade, temos que fazer saques dessa conta, e precisamos buscar a liberdade e a verdade.

A busca pela liberdade é uma escolha e o perdão também. Devemos perdoar não apenas os outros, mas devemos perdoar a nós mesmos, de todo nosso coração.

No grupo dos veteranos de combate, tínhamos um objetivo ao longo do ano: escrever uma carta. Escrever uma carta para alguém que matamos, um amigo que morreu em nossos braços, um amigo que se suicidou. A ideia era escrever, ler em voz alta para o grupo e pedir perdão. Nunca vi tanta tristeza, lágrimas, perdão e cura em minha vida. Imagine o fardo de cinquenta anos vindo de um homem que corajosamente escolhe perdoar a si mesmo por ter deixado seu amigo morrer e não ter podido salvá-lo.

Às vezes, é mais fácil perdoar os outros do que perdoar a nós mesmos. Muitas vezes, somos os piores críticos de nós mesmos, e mantemos um padrão mais elevado do que as outras pessoas. Muitas vezes, não nos sentimos dignos, mas esse pensamento e essa vida de órfãos têm que acabar. Se Jesus pode te perdoar, então por que não se perdoar também? A cura ocorre quando temos a coragem de nos perdoar, ou seja, quando nos damos graça como damos muitas vezes aos outros.

Reserve um momento com Deus Pai agora para ver se há algo pelo qual você precisa se perdoar e, se houver, tenha coragem de se perdoar hoje. Talvez alguns de vocês estejam no limite, mas, se não estiverem, lembrem-se deste capítulo quando finalmente chegarem lá. Na jornada de cura, eventualmente você o fará.

Perdão é uma escolha, um mandamento bíblico, um ato de decidir dentro do nosso coração abrir a cela da cadeia, e descobrimos que éramos nós quem estávamos presos. Liberte-se com o perdão!

capítulo 06

A mentalidade de um filho

"Se você pensa que pode ou não, você está certo."
Henry Ford

A maneira como pensamos cria o mundo ao nosso redor. Isso foi algo que meu treinador de luta livre do ensino médio colocou em minha cabeça e que realmente causou muito sucesso mais tarde na minha vida, inclusive no exército. Ele sempre nos dizia que nosso diálogo interno era importante e que precisávamos acreditar que poderíamos fazer qualquer coisa não só como atletas, mas também como pessoas.

Como lutei contra a ansiedade e a depressão, sempre senti que tudo o que fazia não era suficiente para compensar minhas crenças internas. Eu escrevia coisas como "você consegue" em post-its e colocava-os no meu armário da escola e dentro da minha carteira. Sempre precisei me lembrar de que era capaz, embora sempre me sentisse incapaz e insuficiente. Sempre senti que precisava fazer mais do que os outros para compensar o déficit que tinha na vida.

Na verdade, durante meu último ano do ensino médio e antes de entrar no exército, decidi que daria tudo de mim na temporada de luta livre. Eu acordava e corria no frio e na neve antes da escola, fazia um treino de luta livre de duas horas depois da escola e corria mais depois do treino. Eu estava determinado que, se conseguisse acreditar em mim mesmo, então poderia ter sucesso. Eu precisava trabalhar mais do que qualquer outra pessoa para corresponder ao meu sistema de crença de que eu era o melhor. Eu sabia que precisava haver uma mudança na minha mentalidade se eu quisesse ser um vencedor.

Uma das coisas de que gosto nos esportes individuais como a luta livre, e até hoje como pratico jiu-jitsu e surf, é que seus resultados dependem de você. Não há time para marcar seus pontos e, não há outros jogadores para ganhar o jogo por você. Não, tudo depende de você, não há mais ninguém para culpar além de si mesmo.

Acredito que a vida é assim. Talvez você tenha nascido numa família disfuncional, talvez tenha sofrido abusos, talvez tenha cometido erros como todos nós. No entanto, independentemente de tudo isso, você é responsável por si mesmo. Na vida, existe a família, mas no final da sua vida será apenas você diante do Pai; em outras palavras, não haverá nenhum pastor com você para se esconder, e nenhuma desculpa para inventar. Será apenas você e o Pai; e a prestação de contas que você precisará prestar a Ele pela maneira como viveu sua vida e o que fez dela.

VÍTIMA VERSUS FILHO

Uma das áreas que todos temos que conquistar em nossas vidas é a da autorresponsabilidade e do desenvolvimento pessoal. Desde a infância, aprendemos a transferir a culpa para os outros e simplesmente tentamos culpá-los. Até Adão culpou Eva. Na verdade, ele culpou Deus e Eva porque não queria assumir a responsabilidade por si mesmo e pelo que Ele permitiu que acontecesse. Adão recebeu a ordem de não comer o fruto, e era sua responsabilidade liderar, ou seja, cuidar de sua esposa. No entanto, ele a culpava; e os homens culpam as mulheres desde o jardim.

Independentemente do que aconteceu em nossas vidas, devemos decidir pela verdade de que somos os únicos responsáveis por nós. No final das contas, minhas escolhas, minhas ações, e até mesmo meus pensamentos e minhas crenças são meus, não são de outros, nem são responsabilidades de outras pessoas. Na verdade, eles também não são responsabilidade de Deus. Deus não está no controle de meus pensamentos ou das minhas ações; eu estou.

Muitas vezes, queremos culpar outras pessoas, por exemplo, nossas famílias, nosso governo, e o que quer que seja, mas a verdade é que, se você é adulto, é responsável por si. Essa responsabilidade é algo que muitas pessoas não querem porque a realidade disso é desafiadora e dolorosa. Tenho que fazer o melhor com o que tenho e, quando não parece suficiente, o responsável ainda sou eu.

Vemos mais isso quando se trata de relacionamentos e, especificamente, no casamento. Uma pessoa culpa a outra, pensa que seria muito melhor se estivesse sozinha e se não tivesse um relacionamento. Então eles se divorciam e tentam outro relacionamento, e depois tentam outro, mas o problema não são os parceiros que eles escolhem, o problema são eles.

Quando chegarmos a um ponto em que não podemos mais culpar ninguém além de nós mesmos e aceitarmos essa realidade, então poderemos começar a seguir em frente. Mas para onde avançamos? Como faço para mudar algo ou as crenças e os padrões de pensamento que sempre tive?

As estantes de hoje estão repletas de livros de autoajuda, e os coaches de internet estão dizendo para você fazer isso e aquilo... e muito disso é bom. Mas quais são os seus diagnósticos, os padrões específicos e do que exatamente você precisa? Ninguém poderá entrar na sua mente e alinhar os seus pensamentos ao Reino de Deus.

Você precisa da direção e liderança de Deus Pai em sua vida, precisa da convicção do Espírito Santo para alinhá-lo com a verdade. A convicção do Espírito Santo é linda porque realinha você de volta à identidade de filiação que Deus, o Pai, lhe deu. Isso vem através de uma revelação, não de uma informação.

Sempre que trago um problema ou uma pergunta sobre uma circunstância ao meu mentor, ele primeiro me faz esta pergunta: "Você perguntou ao Espírito Santo?". Se eu respondo "Não", ele nem me ouvirá mais sobre o assunto e me dirá para primeiro perguntar a Deus Pai sobre isso e depois voltar para ele. O objetivo do meu mentor na minha vida é me alinhar com a verdade, pois esse é o caminho do Reino; é isso que os pais fazem com os filhos, e é isto que os filhos fazem: alinham-se com a verdade do Pai.

Na verdade, Jesus estava sempre realinhando seus discípulos de volta à verdade, sobre verdade dos planos e propósitos do Pai para eles, a verdade do Reino, a verdade sobre a sua fé ou falta de fé. Muitas vezes me vejo nos discípulos com os mesmos pensamentos e as mesmas perguntas. Eu me conecto e entendo seus corações, e posso ver por que eles não entendiam coisas que pareciam tão óbvias.

Somos abençoados por poder ler mais alguns versículos a frente e saber o final da história, mas eles estavam vivendo no meio da história. Às vezes, no meio da história, é difícil acreditar em Deus e ter esperança de que o que Ele está dizendo realmente acontecerá no final.

Uma das minhas histórias favoritas nos evangelhos é quando os discípulos perguntam a Jesus por que Ele falava em parábolas. Aqui está a história:

> *"Então seus discípulos se aproximaram de Jesus e perguntaram: 'Por que você sempre fala com as pessoas nessas parábolas difíceis de entender?' Ele explicou: 'Vocês receberam a experiência íntima de compreensão dos mistérios ocultos da dimensão do reino dos céus, mas eles não tiveram'. Pois todos que ouvirem com o coração aberto receberão progressivamente mais revelações até que tenham mais do que suficiente. Mas aqueles que não ouvem com um coração aberto e ensinável, até mesmo a compreensão que pensam ter lhes será tirada.*
>
> *É por isso que ensino as pessoas usando parábolas, porque elas pensam que estão procurando a verdade, mas porque seus corações não são ensináveis, elas nunca a descobrem. Embora me escutem, nunca percebem totalmente a mensagem que falo." (Mt13:10-13).*

A profecia de Isaías os descreve perfeitamente:

"Embora ouçam atentamente tudo o que falo, não entendem nada do que digo. Eles olham e fingem ver, mas os olhos dos seus corações estão fechados. Suas mentes são insensíveis e lentas para perceber, seus ouvidos estão tapados e têm dificuldade de ouvir, e eles fecharam deliberadamente os olhos para a verdade. Caso contrário, abririam os olhos para ver, abririam os ouvidos para ouvir e abririam as mentes para compreender. Então eles se voltariam para mim e eu os curaria instantaneamente".

"Mas bem-aventurados são os teus olhos, porque veem. Deleitados sejam os seus ouvidos, pois estão abertos para ouvir todas essas coisas. Muitos profetas e pessoas piedosas ansiavam por ver estes dias de milagres que você foi favorecido para ver. Eles teriam dado tudo para ouvir a revelação que você foi favorecido para ouvir" Mt 13:10-17, The Passion Translation.

Os discípulos não entendiam as parábolas e outras coisas porque tinham uma mentalidade ainda disfuncional. Jesus teve que explicar em detalhes porque eles estavam crescendo em fé e crescendo em sua filiação. Deus estava falando uma língua que eles não entendiam porque tinham uma mentalidade que não era de filiação. Sendo assim, Jesus os estava encorajando:

"Ei, vocês têm intimidade comigo, estejam abertos para ouvir e aprender o que significa viver como filho".

Se a nossa mentalidade estiver disfuncional, ou seja, desalinhada com as verdades dos céus, perderemos o Reino de Deus; pior, se não pensarmos como um filho, entenderemos mal o Pai. Por exemplo, se não pensarmos como um filho, acharemos que o Pai está nos punindo em vez de nos disciplinar. Mas a Bíblia nos diz que somente um pai que ama seu filho pode discipliná-lo.

"E você esqueceu completamente esta palavra de encorajamento que se dirige a você como um pai se dirige ao filho? Diz: 'Meu filho, não despreze a disciplina do Senhor e não desanime quando ele o repreender, porque o Senhor disciplina aquele que ele ama e castiga todo aquele que aceita como filho' (Hb 12:5-6).

A disciplina nos empurra para a frente! Você cometeu um erro, mas não é um erro, e Deus Pai sabe como nos confrontar, por isso nos diz:

"Ei! Deixa eu tirar os tesouros de dentro de seu coração! Você é muito melhor do que este pecado, ou qualquer outra coisa que está aqui e é disfuncional."

Ele traz a luz, revela as Suas verdades e nos permite ser livres e andar em liberdade.

Deus Pai não nos puni. Ele nos disciplina! A disciplina diz: O que você fez foi um erro! Você não é o seu erro. Ele nos diz: Deixe-me te limpar das mentiras e das feridas, trabalhar em seu coração e extrair aquilo que é precioso.

A punição diz: Você é um erro. E precisa carregar o fardo e a identidade de algo que fez ou aconteceu com você.

MENTALIDADE DE POBREZA, DESEMPODERADA, ÓRFÃO E ESCRAVO

No capítulo 2 falamos sobre o espírito órfão, mas, na maioria das vezes, mais do que um espírito, temos um tipo de mentalidade profundamente enraizada em cada um de nós. Essa mentalidade é herdada pela nossa família, nos é ensinada por meio das experiências de vida e até mesmo pelos sistemas educacionais, e governamentais. Especificamente, a cultura é um dos maiores professores de nossas vidas, tendo em vista que muitas vezes pensamos, agimos ou reagimos do modo como fazemos por causa da nossa cultura.

Essa mentalidade que herdamos e como aprendemos, nos fará ver o mundo, as circunstâncias e Deus Pai através do que e de como acreditamos, pois é limitada pelo que se vê ou sente. Sendo assim, viver pela emoção é viver sem esperança e sem futuro carregando o peso de sempre tem que trabalhar para ter aprovação porque você não se sente aprovado ou amado. Então é preciso fazer algo para receber amor, e muitas vezes essa pessoa manipula, culpa os outros e se coloca em certas posições por não se sentir suficiente. Ela assume uma posição de vítima porque se sente impotente, quando, na verdade, abriu mão do seu poder por meio daquilo em que acredita. Profundamente enraizada nessa mentalidade está a crença de que não sou suficiente e, portanto, não posso fazer nada de valor. Eu sou insuficiente.

Infelizmente, o que mais tenho encontrado morando aqui no Brasil é esse tipo de mentalidade, é uma mentalidade de órfão ou escravo. Aqui no Brasil, muitos tem a crença de que "não posso fazer isso por causa do governo, da minha família, do estado onde moro etc". Nós culpamos tudo e todos por causa da nossa mentalidade, e muitas vezes empregamos o chamado "jeitinho brasileiro".

Sei que muitas coisas são difíceis no Brasil; até o momento, após sete anos morando aqui, entendendo que nós, como povo, sofremos. No entanto, as mesmas pessoas que dizem que não podem aqui no Brasil de repente podem quando chegam aos Estados Unidos. Por quê? Por terem mudado a crença sobre do que é possível. Provavelmente não acreditaram que era possível prosperar aqui no Brasil. Aliás, já vi inúmeras pessoas dizendo que em outro lugar seria melhor. Na verdade, temos um ditado em inglês que é o seguinte: "A grama é sempre mais verde em outro lugar", mas a verdade é que "a grama é mais verde se você rega".

Nos Estados Unidos, acreditamos que podemos, e é por isso que as primeiras pessoas que vieram para os Estados Unidos o fizeram pela liberdade de fazer o que quer que estivesse em seu coração. Foram com uma mentalidade de colonizar para crescer, de fazer e criar. Lá, existe uma diferença na maneira como as pessoas pensam, e essa diferença cria uma atmosfera e uma realidade para elas e para as pessoas ao seu redor. E eu sei, o dólar está mais alto, porém, não podemos usar isso apenas como desculpa, porque tenho visto pessoas prosperando no Brasil; aliás, há pessoas fazendo coisas grandes e maravilhosas para Deus. Se ninguém tivesse sucesso aqui no Brasil, então talvez eu pudesse concordar que é impossível, mas, como há pessoas que estão indo bem, não podemos dizer que é impossível ser bem-sucedido aqui. Em outras palavras, o fato de não acreditar ser possível simplesmente aponta para a nossa mentalidade e para nossa incredulidade.

Quando acreditamos que as coisas são impossíveis, isso significa que nos associamos ao órfão, à mentalidade de escravo e à crença desempoderada e disfuncional de que isso não pode funcionar para mim. Tornamo-nos vítimas, rejeitando a identidade e a mentalidade de um filho a quem Deus Pai nos deu acesso.

MENTALIDADE DE FILIAÇÃO

Um filho conhece o amor de Seu Pai, ele e, portanto, não é movido pelas emoções e circunstâncias, mas sim movido pela verdade da realidade dos céus. Ele tem esperança e pode sonhar com o futuro, e tudo o que faz é a partir da aprovação que já lhe foi dada pelo Pai, e não para ter aprovação. Ele fala com esperança, caminha com esperança, carrega esperança. Ele responde às coisas da vida em vez de reagir a tudo ao seu redor.

Ele é capaz de fazer coisas por causa de quem é em Cristo: ele é um vencedor, a cabeça, e não a cauda, porque sua identidade está em quem somos Nele.

Somos capazes e fortalecidos não no que fazemos, temos ou nas situações. O apóstolo Paulo modelou isso ao dizer: *"Posso todas as coisas em Cristo que me fortalece." (Fp 4:13).*

Acredito que esse é uns dos versículos mais mal-empregados na bíblia. Se olhamos um versículo anterior, Paulo diz: *"Sei estar abatido, e sei também ter abundância; em toda maneira, em todas as coisas sou instruído, tanto a ter abundância como a padecer necessidade."* Logo: *"posso todas as coisas Naquele que me fortalece".* Isso significa que, se não tenho nada, a rejeição não faz parte de mim, mas, se tenho tudo, o orgulho não faz parte de mim... porque não é sobre o que tenho ou não, mas sim sobre quem eu sou e tenho nEle, pois minha fonte de força vem Dele.

Jesus nunca usou a frase "não pode", e nem os discípulos. Quando você sabe quem é no poder de Jesus Cristo, está sobre todas as coisas, assentado com Ele nas regiões celestiais e, consequentemente, você pode mudar seu sistema de crenças, sua história familiar futura, andar em retidão e santidade, superar seu trauma, obter cura, e pode ter o sucesso verdadeiro, e tudo isso por causa dEle e de quem você é nEle e no acesso que tem por intermédio de Jesus.

Todo este livro foi escrito para ajudá-lo a obter a cura para sua alma e a mudar a maneira como você pensa sobre si mesmo como filho e sobre Deus como seu Pai. Os filhos sabem que têm um lugar à mesa do Pai e que, a herança pertence a eles.

CLASSES POBRES, MÉDIAS E PRÓSPERAS

Aprendi muito quando estudei na Escola de Ministério Sobrenatural da Igreja Bethel, em Redding, Califórnia. Um dos meus professores foi Danny Silk, um autor e palestrante conhecido em todo o mundo. Ele adora falar sobre mentalidade usando diferentes exemplos. Aqui no Brasil, quando dou aulas sobre mentalidade, gosto de usar exemplos que aprendi com Danny em relação à alimentação/comida.

Você pode saber a mentalidade de uma pessoa e a que "classe" ela pertence pela forma como escolhe sua comida. Por exemplo, uma pessoa da classe baixa ou de mentalidade pobre se preocupa com a quantidade, e, portante, prefere buffet livre com o preço mais barato. Geralmente, esse é o padrão, isso é, o que conta é a maior quantidade possível.

Uma pessoa de classe média, preza por aquilo de que gosta. E ela se preocupa com a qualidade. Sendo assim, eles escolherão a pizzaria mais cara, o corte de carne mais caro, pois preferem qualidade em vez de quantidade.

Uma mentalidade de classe próspera escolhe coisas únicas; ou seja, eles gostam mais da apresentação da comida do que da quantidade.

Se você for a um restaurante caro que seja de classe alta, eles te servirão um prato lindo e único que não contém comida suficiente para deixá-lo satisfeito, porque essa classe se preocupa com a experiência e a apresentação, e não em se encher de comida.

Então, como posso saber qual classe e mentalidade tenho? As duas classes apresentadas anteriormente que fazem você sentir que estão erradas ou lhe ofendem, revelam a classe em que você está. Se você acha que gastar uma tonelada de dinheiro em uma fatia de peixe porque esse é o peixe mais raro do mundo é errado, então você provavelmente não é da classe próspera.

Certa vez, depois de ensinar isso, um arquiteto veio até mim e disse: "Sei exatamente do que você está falando, porque, quando projetamos uma casa, posso dizer que tipo de mentalidade uma pessoa tem com base em como ela deseja construir sua casa".

Eu respondi: "Uau, isso é incrível! Como isso funciona?" Ele disse: "Bem, uma pessoa com mentalidade pobre geralmente tem como foco investir mais dinheiro no tamanho da cozinha, porque a esposa passará muito tempo lá cozinhando".

Ele continuou: "Uma pessoa de classe média se preocupa com uma sala de estar maior, porque vai passar muito tempo lá com a família, assistindo à TV e fazendo outras atividades. Mas as pessoas da classe alta, como o dinheiro não é um objeto para elas, farão coisas únicas com as suas casas. Eles pegarão um carro exótico e o colocarão dentro de sua casa, no topo de um grande apartamento, apenas para dar uma sensação única".

Agora, imagino que você deve estar pensando: o que isso tem a ver comigo e, principalmente, com o Reino? Bem, a qual mentalidade e classe você acha que pertence o Reino de Deus? Muitas vezes, pensamos que Deus é como nós e no Reino pensa da mesma forma que nós, mas Deus é um Deus único, é um Deus de abundância, e não de falta. Na verdade, não há falta no reino de Deus, apenas falta na nossa maneira de pensar e no ponto de vista da vida.

VOCÊ TEM QUE ESCOLHER SUA MENTALIDADE

Na escola de atiradores, aprendemos muito sobre como permanecer despercebido e escondido para chegar perto o suficiente do inimigo afim de dar um tirocerteiro e eliminá-lo. Aprendemos que, quando patrulhamos longas distâncias com muito peso, começamos a nos cansar e a cometer erros. Um dos erros que as pessoas cometem é seguir o caminho de menor resistência, o caminho mais fácil. Na vida, talvez isso lhe custe um baixo preço, como um emprego ou uma oportunidade, mas na guerra o caminho mais fácil pode custar a sua vida.

Fomos ensinados que, ao estarmos em ambientes como o topo de uma montanha, é importante eliminar o contraste do corpo com o céu e outros elementos naturais ao redor. Os olhos são atraídos por movimento e coisas brilhantes, cores que não são encontradas na natureza.

Os olhos também conseguem distinguir os contornos do corpo e o contraste quando uma pessoa está caminhando no topo de uma montanha contra o horizonte.

Então eles nos treinam para caminhar abaixo do topo da montanha, sozinho, o que é chamado de "crista militar", que é um caminho mais difícil. Isso significa sozinho na encosta da montanha em qualquer lugar de dez a trinta metros abaixo do topo para que seu corpo não contrasta com o céu, pois o inimigo sempre pode identificar sua "silhueta no céu".

Agora, na teoria, isso parece ótimo em uma sala de aula, mas você já teve que caminhar na encosta de uma montanha em vez de ao longo do pico? É mais difícil, mais lento e requer intencionalidade e mais esforço.

A questão é esta: se não formos intencionais com relação às nossas escolhas e aos nossos pensamentos na vida, naturalmente escolheremos pensar nos que é o nosso natural e o mais fácil para nós. Essa escolha é tudo o que aprendemos na vida, de modo que as nossas emoções, que são normais para nós, bem como o comportamento com o qual sempre respondemos, são apenas a forma como sempre fazemos as coisas. Mas o Pai não está te chamando para o caminho fácil, e sim para o caminho da filiação, pois seguir pelo caminho da verdade é fazer escolhas difíceis para não ser um alvo fácil para as mentiras e ataques do inimigo.

MUDANDO OS CAMINHOS DO CÉREBRO

Para algumas pessoas, uma infância saudável, pais encorajadores e uma mentalidade funcional podem significar a ausência de traumas ou dores específicas. Mas, mesmo que tudo pareça perfeito, ninguém é perfeito. E, para a maioria de nós, precisamos criar caminhos, ou seja, uma nova trilha em nossos cérebros, com novos padrões de crença sobre nós, sobre o mundo e até sobre Deus Pai.

Você já tentou criar uma trilha na floresta? Eu tentei isso uma vez numa floresta do Brasil, isto é, pensei em simplesmente sair da trilha e criar minha própria trilha, mas não deu muito certo, e quase quebrei a perna; e como estava de bermuda, voltei para casa com as duas pernas cortadas e sangrando.

É muito trabalhoso fazer um novo caminho, mas alguns de vocês vão ter que ser pioneiros para sua família, porque não receberam as coisas de que precisavam para pensar como um filho, e tem que aprender o que significa ser filho e como um filho pensa. Você terá que abrir um novo caminho com Deus Pai e o Espírito Santo pedindo que o ajudem a mudar esses caminhos em seu cérebro.

Nossas vias do cérebro podem ser alteradas; aliás, hoje, está cientificamente comprovado que a neuroplasticidade nos permite aprender novas competências, estabelecer novos padrões de ativação cerebral e manter essas funções ao longo do tempo. Podemos realmente criar caminhos e novas formas de pensar, realmente escolhendo a filiação em vez da vítima, da impotência e do órfão. Sempre que ouço que algo é possível fico curioso para tentar tornar isso possível, na minha vida também!

Deus Pai não falaria sobre renovação da mente e metanoia (mudança de mente) se não fosse possível para nós fazermos isso.

O QUE EU FARIA SE REALMENTE FOSSE FILHO?

Uma das razões pelas quais seguimos Jesus é porque Ele é o modelo de filiação, bem como o padrão de pensar, viver e seguir os caminhos do Reino e obedecer ao Pai. Jesus é o caminho, a verdade e a vida; Ele é o exemplo que devemos imitar em nossas vidas.

Para viver como filho, precisamos receber a herança que o Pai nos deu através da filiação, e, para isso, precisamos aprender o que os filhos fazem. Nesse sentido, precisamos nos fazer alguns questionamentos, como: que significa ser filho? Como um filho age? Como um filho fala? Como um filho pensa?

Uma das maneiras de você se alinhar com a filiação é aprender as coisas que os filhos fazem e, então, quando estiver em uma posição de decisão, escolhe agir como um filho. Você escolhe acreditar no Pai como um filho acredita, escolhe tomar decisões que um filho tomaria. Em outras palavras, você tem que aprender o que é filiação e então fazer o que um filho faria.

O maravilhoso nisso tudo é que Jesus é o modelo e o Espírito Santo é, o seu guia. A Bíblia diz que Ele está liderando e guiando você para toda a verdade! Portanto, você não está sozinho, não está sem esperança, não está sem Pai! Não, você está em uma jornada para descobrir sua identidade como filho e abandonar o padrão antigo.

Deus lhe deu "a mente de Cristo" (1Co 2:16), e se você tem a mente de Cristo, pode ter a mentalidade de um filho; só precisa aprender e desenvolver essa mentalidade. Para isso, precisa falar consigo mesmo com bondade, ouvir a compaixão e a direção do Pai para sua vida e segui-Lo, consciente de que Ele é o caminho.

capítulo 07

Pais feridos geram filhos e filhas feridos

"Pais destroçados criam filhos destroçados que mais tarde se tornam pais destroçados."

Se você teve um pai presente em sua vida, uma das suas maiores surpresas foi quando percebeu que ele não era tão grande ou perfeito quanto você pensava. Talvez, quando era mais jovem, você tenha perdoado o comportamento dele, e, quando cresceu, percebeu que seu pai também tinha fragilidades.

Escolhemos muitas coisas na nossa vida, como o nosso cônjuge, o nosso emprego e onde queremos viver. No entanto, uma das coisas mais importantes, mas que não podemos escolher na nossa vida, é quem é o nosso pai. Não sentamos no céu e pedimos os nossos pais como fazemos com um hambúrguer no McDonald's, não funciona assim. Infelizmente, em nossas vidas, mesmo que não as tenhamos escolhido, as consequências das escolhas de nossos pais também acabam nos afetando.

Embora isso pareça injusto e errado, muitos talvez tenham pensado: "O que eu fiz para merecer um pai assim?". Sabemos que Deus usa tudo para o bem daqueles que O amam (Rm 8:28); inclusive, Ele usa as situações em nossas vidas para se revelar a nós e revelar Sua natureza como nosso Pai. Este é um dos aspectos mais lindos do nosso Deus: Ele não é apenas Deus, Ele é Pai.

Lembre-se: uma das principais razões pelas quais Jesus veio foi para nos revelar o Pai. Ele disse: "'Eu subo para meu Pai e vosso Pai, para meu Deus e vosso Deus" (Jo 20:17). Que bela verdade é o fato de que Deus não é apenas um Deus distante, mas sim nosso Pai que está perto de nós.

> **"Se Deus quisesse ser outra coisa, senão um Pai para nós, Ele teria se revelado como algo diferente de um Pai."**

Quando me tornei pai do Ben Judah, aprendi não apenas sobre as minhas deficiências, mas também sobre as deficiências do meu próprio pai terreno. Percebi que havia coisas básicas que ele não havia me dado quando criança. Mais tarde, descobri que foram coisas que meu pai também nunca havia recebido quando criança.

> **Os padrões de fragilidades nas famílias continuam ao longo das gerações até que alguém seja corajoso o suficiente para curar as feridas e romper com esses padrões.**

Um dia, quando eu tinha cerca de 27 anos, estava na casa dos meus pais ajudando meu pai a fazer alguns trabalhos de casa. O dia estava muito quente, e entramos em casa para tomar água gelada e relaxar um pouco. Meu pai sentou-se em uma cadeira, e eu me sentei em frente a ele. De repente, ele olhou para mim e, com lágrimas escorrendo pelo rosto, disse: "Você sabe que eu te amo, né filho?" Eu respondi: "Claro que sim, pai". Ele repetiu: "Você sabe que eu te amo, filho? Eu já te disse isso antes e você sabe que é verdade, né filho?". Mais uma vez respondi: "Sim, pai, eu sei que você me ama, você já me disse isso muitas vezes". Ele desabou.

Ele começou a chorar ainda mais e disse: "Andy, eu sei que meu pai me amava, mas não consigo me lembrar de ele ter dito que me amava". Rapidamente, levantei-me e abracei meu pai enquanto sua criança interior, a quem nunca foi dito que era amado, chorava em meus braços. Quantos de nossos pais experimentaram o mesmo sentimento ou algo pior? Ainda hoje de manhã me lembrei disso e olhei nos olhos do meu filho e disse a ele em inglês e em português que o amo; e também perguntei: "Você sabe que eu te amo, né?". Ao que ele respondeu "sim" em inglês, e depois "sim" em português.

Infelizmente, nunca conheci meus avôs. Ambos morreram quando meus pais eram adolescentes. Nos anos mais formidáveis de suas vidas, ambos perderam os pais: um para o câncer e outro em um acidente. Com o tempo, percebi que a profundidade dessas perdas moldou quem são meus pais e quem eles não são. Nunca tive avô, e muitas vezes me perguntei quão diferente teria sido minha vida se meus avôs não tivessem morrido quando meus pais eram adolescentes.

O PAPEL DOS PAIS

Minha esposa Késia sempre diz que todo mundo tem um bom coração, bem lá no fundo... em alguns casos, segundo ela, é preciso cavar um pouquinho mais (risos)... e na maioria das vezes isso é verdade. A maior parte de nós simplesmente não foi ensinada ou não experimentou o amor saudável dos pais em nossos relacionamentos para nos tornarmos grandes pessoas e funcionais. O pai dá identidade, afirmação, atenção, proteção, provisão e valor. As mães são incríveis e insubstituíveis, mas não podem nos dar as mesmas coisas que um pai pode, pois elas carregam outros suprimentos que preenchem nossas necessidades emocionais, como conforto, ternura e conselhos. Elas têm funções e papéis diferentes do pai. Os pais são uma base sobre a qual os filhos são criados e geram a força, de modo que, sem uma figura paterna, os filhos não têm segurança na sua identidade, empoderamento e proteção.

A paternidade gera identidade, nossa identidade gera nosso propósito, e, assim, por consequência, o nosso destino. É o pai que empurra o filho(a) para a vida!

Nossa geração é a geração mais órfã que já existiu, por isso não é de se admirar que também sejamos a geração mais despedaçada emocionalmente. Ansiamos pelo amor, pela segurança e até pela correção de um pai, mas não sabemos o que fazer quando o recebemos. Para alguns de nós, não podemos acreditar na existência de um bom pai ou mesmo que as figuras paternas sejam genuínas e verdadeiras. Sem um pai em sua vida, é quase como se faltasse a bússola que aponta a direção certa.

O apóstolo Paulo disse isto: *"Vocês têm muitos mestres, mas não muitos pais..."* (1Co 4:15). Ele também disse coisas como "Seja meu imitador assim como eu imito a Cristo". Ele estava tentando revelar-se não apenas como apóstolo ou líder da igreja primitiva, mas também como pai espiritual. Aprendi que, quanto mais cresço em Cristo Jesus, em liderança e influência na igreja, mais me torno uma figura paterna, pois o objetivo da liderança da igreja é: liderar não apenas como um CEO, mas como um pai.

Os pais funcionais, lideram pelo exemplo e realmente nos revelam o que acreditam sobre si mesmos. Eles não podem dar algo que eles próprios não têm ou nunca receberam, por isso precisamos desesperadamente de Deus Pai, pois Ele nos dá coisas que nossos pais terrenos não nos deram ou não puderam nos dar.

Na semana passada, viajei ao Rio de Janeiro para ministrar em uma igreja. Foi uma viagem rápida de 24 horas. Eu sempre digo para o Ben Judah quando vou pregar; e quando minha esposa e eu viajamos, sempre conversamos com ele no avião se ele não estiver conosco. Ele adora aviões e viajar, e sempre quer ir conosco.

Essa semana, quase todos os dias, o Ben Judah tem feito algo interessante e profundo. Aleatoriamente, ele vai para seu quarto, pega sua Bíblia e a coloca em sua mochila do Capitão América; então, pega sua mala de mão, vai para a sala e diz: "Tchau mamãe e papai, vou pregar". Sempre perguntamos: "O quê? Aonde você está indo?", e ele responde: "Estou indo de avião".

Na verdade, hoje nossa babá nos enviou uma mensagem de texto e uma foto dele de fralda, mochila e mala saindo do condomínio para pegar o avião para pregar. Ao sair pela porta, ele disse a ela: "Esqueci meu microfone! Ah, bem..., mas tenho minha guitarra".

Os filhos imitam os pais, é isso que eles fazem, por isso é natural que os filhos se pareçam, ajam e sigam os passos do pai. Infelizmente, quando temos pais feridos que nunca se curaram, eles se tornam referência para seus filhos. E, gostemos ou não, eles nos criam.

> **Muitas vezes, nós não deixamos de amá-los, mas deixamos de nos amar e nos sentimos inapropriados, pois nosso tanque emocional não pode ser suprido.**

DIFERENTES TIPOS DE PAIS

Existem diferentes tipos de pais, com atributos bons e ruins. Muitas vezes, determinamos que não seremos como nosso pai ou nossa mãe. No entanto, o problema é que, quando dizemos "nunca serei como meu pai" ou "nunca serei como minha mãe", estamos criando um voto. Com esses votos, nós realmente nos vinculamos a um acordo e, em vez de não nos tornarmos como eles, o que ocorre é que nos tornamos iguais a eles. Nosso desejo de "eu nunca vou..." muitas vezes nos força a ser iguais a eles.

> **Devemos compreender que os votos são declarações poderosas para o nosso futuro e que nos ligarão aos aspectos negativos dos nossos pais.**

Como minha esposa Késia gosta de dizer: **"Não somos o que sabemos, mas sim o que acreditamos".** Ou seja, nossas vivências, nossas experiências e os significados que atribuímos a elas soam muito mais alto e tornam-se a nossa verdade e a realidade, muito mais do que aquilo que eu sei sobre algo. Isso significa que você realmente se tornará igual ao seu pai porque é filho dele. Ou você se tornará igual à sua mãe porque ela modelou para você o que significa ser mulher, esposa e mãe. Aquilo que recebeu deles foram bases para você.

É intencional, proativo e difícil o caminho para ser algo diferente do que você é. Realmente não temos consciência de como funcionamos e aprendemos a ser gente. Sem nosso coração curado, tendemos a permanecer os mesmos ou, em uma tentativa de mudança, a ir para o extremo oposto. Mas isso não é cura ou mudança real, mas sim sair de um extremo para outro.

O pai forma a nossa identidade, gostemos ou não, mesmo que não tenhamos um pai presente em nossa vida. Independentemente do que eu goste ou não do meu pai, não posso apenas um dia alterar o meu próprio DNA, ele foi passado para mim por meio do esperma e de um óvulo. Meu DNA, quer eu escolha ou não, tem os atributos do meu pai e da minha mãe. É por isso que me pareço com eles, e é também por isso que meu padrão é ser igual a eles. Mesmo que eu nunca tenha conhecido meu pai, tenho o sangue dele em mim.

Não faz muito tempo eu estava ministrando sobre esse mesmo assunto, e uma mulher começou a chorar, dizendo: "Essa é a minha história; meu pai era apenas um doador de esperma, nunca o conheci na vida. No entanto, odeio o fato de ser igual a ele. Minha mãe diz que às vezes até ajo como ele...". Você é filho ou filha do seu pai!

Quem nossos pais são tem a ver com quem os pais deles foram para eles. Você não acordou um dia e decidiu ser tal tipo de pessoa, e seu pai também não. As pessoas são formadas e moldadas ao longo do tempo, e, assim como você foi formado e moldado por seu pai ou pela falta de um pai, seu pai também foi.

Existem livros inteiros escritos sobre modelos de pais, tanto funcionais quanto disfuncionais. Mas eu queria mencionar alguns comuns aqui para você.

TIPOS DE PAIS

- Bom
- Passivo
- Ausente
- Autoritário
- Abusivo
- Voltado ao desempenho

Por mais que tenhamos tido um bom pai, não existe pai perfeito. Perfeito é somente Deus Pai, e precisamos ter uma revelação de quem Ele é.

Neste capítulo, quero me concentrar nos pais **Passivos**, **Ausentes** e **Autoritário,** e nas feridas paternas que carregamos por causa desses dois tipos de pais.

PAIS PASSIVOS

As características do meu próprio pai se enquadram nesta categoria. Um pai passivo é aquele que não fala realmente sobre as coisas que precisam ser conversadas.

Na verdade, eles não confrontam seus filhos e os alinham à visão de Deus ou à visão do pai. Pais passivos geralmente são uma coisa na frente das pessoas e outra coisa em casa, e isso porque se alimentam da afirmação dos outros. Eles agradam as pessoas e fazem o que é melhor para obter a afirmação de que precisam.

Os pais passivos muitas vezes fazem o que querem e não o que precisam fazer.

Eles marcados pelo egoísmo que gera insegurança e medo na família. Por quê? Porque não existe uma identidade firme dada por um pai passivo, uma vez que são inativos na vida dos filhos e, estão longe do que precisa ser feito e do que precisa ser dito. Para eles, tudo é válido até que algo não aconteça e eles explodem de raiva e insegurança, porque é isso que está construído dentro deles. Desse modo, a passividade leva à comunicação passivo-agressiva que confunde todos na família.

Os pais passivos também podem ser criadores de regras estritas, porque não são relacionais e, portanto, criam regras para tentar manter os filhos em ordem. No entanto, por serem passivos, não impõem realmente as regras que tentam estabelecer. Seus filhos normalmente escondem coisas do pai, porque é melhor que o pai não saiba, tendo em vista que ele não consegue lidar com a verdade.

Os pais passivos vivem com temor porque têm medo da verdade. Eles têm medo da rejeição da verdade, e da maioria das coisas relacionais, como conflitos, desentendimentos e desafios que acontecem nos relacionamentos.

Os pais passivos em geral também não são bons maridos, porque estabelecem relacionamentos por meio do medo, não vão atrás das coisas difíceis que precisam ser feitas no relacionamento ou na família. A esposa geralmente está importunando o marido para que ele faça coisas que ele não quer. Em outras palavras, é muito mais fácil para um marido passivo ocupar-se com suas próprias atividades do que participar da vida dos filhos e da família.

As inseguranças de um marido e pai passivos tentarão ser escondidas e não expostas à família. Um pai passivo deve proteger a sua imagem dos outros, porque não consegue suportar o peso da verdade por si mesmo, e, assim, acaba criando muitas feridas nos filhos. O pai passivo é um relacionamento complicado, porque você precisa pisar em ovos o tempo todo e não consegue extrair dele o que precisa. Há muito medo e insegurança em seu papel, e isso é transmitido aos filhos, criando feridas que afetam todas as áreas da vida.

Os pais passivos não sabem dizer não a pessoas como o seu chefe, por isso muitas vezes colocam o trabalho e o ministério à frente da família. Eles não gostariam de dizer não. Então, as crianças ficam justificando o comportamento passivo do pai e tentando explicar por que ele não está por perto.

Existem muitos problemas decorrentes de ter um pai passivo, mas um dos maiores é a projeção dessa crença em Deus. Se eu tiver um pai passivo, posso começar a imaginar que Deus Pai seja igual ao meu pai. Posso pensar que Deus Pai tem medo e teme a verdade, e então começo a acreditar que Deus é frágil, pois, assim como meu pai terreno, penso que Ele não consegue lidar com as coisas difíceis que preciso contar. Uma consequência disso é acreditar que Deus não tem poder e é quase como uma vítima das circunstâncias. Um pai passivo sente-se impotente e é esse tipo de filhos que ele cria.

Lembro-me de que estava fazendo um SOZO financeiro anos atrás, que é basicamente uma sessão de cura interior onde você conversa com Deus Pai especificamente sobre suas crenças financeiras. Um pai é um protetor e provedor, que levanta e empodera seus filhos para a vida, cuidando prioritariamente das necessidades de sua família. Mas tendo um pai passivo, nunca senti que minhas necessidades fossem atendidas. Portanto, no meu SOZO financeiro, vi Deus, meu pai celestial, como fraco, velho e frágil, porque foi assim que experimentei meu pai terreno.

Felizmente, Deus Pai removeu essa mentira de mim e revelou a verdade de que Ele não é um Deus passivo, Ele não é fraco e medroso, mas o Pai mais forte que existe, e não tem medo do confronto nem de cuidar das minhas necessidades. Essa sessão foi tão impactante para mim que agora faço SOZO financeiros em outras pessoas para ajudá-las a experimentar a verdade do seu Deus Pai.

A forma como vivenciamos nossos pais terrenos torna-se o filtro de como vivenciamos Deus, e, até que esse filtro seja purificado, sempre acreditaremos que Deus, o Pai, responderá e nos dará a mesma coisa que nossos pais terrenos nos deram.

PAIS AUSENTES

O segundo tipo de pai que gostaria de destacar aqui é o pai ausente. Pais ausentes criam feridas profundas de abandono dentro de nós, deixam-nos com muitas perguntas e poucas respostas. Eles nunca nos deram a afirmação de que tanto precisávamos, pois não estavam disponíveis e optaram por ficar longe.

Embora alguns possam pensar que, como o pai sempre esteve ausente, ele nunca teve a chance de me machucar, isso não é verdade, pois a ausência do pai em nossas vidas causa danos na nossa formação como pessoas porque o que se comunica a uma criança quando isso acontece é: "Você não importa tanto quanto "isso, isso e isso...". Talvez a ausência seja o fato de terem abandonado o filho e a mãe; ou talvez o pai ainda estivesse na família, mas nunca realmente presente por causa dos compromissos de trabalho, divórcio, ministério ou qualquer outra coisa.

Independentemente disso, os pais ausentes deixam algumas das feridas mais profundas dentro de nós, feridas estas que moldam e criam um sistema de crenças profundamente enraizado. As mentiras que as pessoas normalmente acreditam por causa de um pai ausente são coisas como: "não sou importante", "não sou o suficiente", "não sou digno", "eu sou um erro". Essas crenças enraizadas existem não necessariamente por causa do que o pai fez, mas pelo que ele não fez: Ele nunca esteve lá para afirmar, encorajar, amar e ensinar. Pessoas que têm pais ausentes sentem-se vulneráveis e desprotegidas, presas à pergunta: "Sou mesmo suficiente? Porque, se sou, por que ele foi embora?".

Essas questões emocionais resultam em repetidos padrões de feridas e comportamento por causa da ausência de um pai. É uma realidade trágica para muitos de nós, mas a notícia maravilhosa é que você de fato tem um pai presente em Deus Pai.

PAIS AUTORITÁRIOS

Pais autoritários são do tipo que tem mais amor nas regras do que no amor, e lideram com medo, e não geram conexão de coração com coração. Existe uma severidade na obediência imediata por meio da intimidação, pois é difícil para esse tipo de pai reconhecer a individualidade de cada filho.

Deste modo, podemos ver Deus Pai como um grande policial ou juiz sentado em Seu trono branco. Isso torna difícil nos conectarmos com Deus Pai através do amor, levando-nos a uma obediência severa e servil, em vez de uma relação baseada na filiação.

Para experimentar a bondade de Deus Pai é preciso curar as feridas do Pai

Esta é a parte mais difícil de tudo isso. Para que possamos experimentar tudo o que Deus Pai tem para nós, temos que obter a cura dessas feridas através do Pai. Temos que enfrentar aquele lugar que não queremos enfrentar, curar aquelas coisas que não queremos curar e, principalmente, perdoar a pessoa que não merece o nosso perdão.

É interessante que o primeiro mandamento com promessa é "honrar pai e mãe" (Ef 6:1-3). Deus sabia que alguns pais abandonariam seus filhos, mesmo assim ele deu a ordem de honrá-los. Por quê? É porque nossos pais e nossas mães são o primeiro reflexo de Deus em nossas vidas. Eles têm autoridade sobre nós, vieram antes e são maiores, especialmente em autoridade espiritual. Foi também por meio deles que Deus usou para que nós viéssemos à Terra.

Quando honramos pai e mãe, os levantamos, nós realinhamos as coisas no espírito e em nossa alma, por isso temos a liberdade para então prosperar na vida.

Meu pai e eu agora temos um relacionamento melhor do que jamais tivemos. Ele tem seus defeitos, e não espero que ele seja algo que sei que ele não é. Na verdade, por causa do processo de cura e restauração em que vivenciei e do qual participei na última década, consigo ter conexão e relacionamento com ele. Lembre-se de que eu decidi ter liberdade a qualquer custo. Agora sou um adulto e preciso ser autorresponsável pela minha própria vida. É muito mais do que sobre meus pais: é sobre mim agora. Paguei um preço alto em meu relacionamento para estar onde estou hoje, mas quero encorajá-lo, afirmando que é possível reparar um relacionamento rompido de pai para filho(a). Às vezes, você precisará saber colocar alguns limites, mas lembre-se: limites não são barreiras ou muros de proteção.

Limite faz um convite ao outro para entrar em sua vida, e quando somos saudáveis, podemos saber até onde é ou não saudável e funcional alguém entrar e até onde ir.

Por isso é tão importante saber o que é meu, o que é do outro e o que é o "nosso" da relação.

Independentemente do que você experimentou ou não com seu pai terreno, Deus Pai não muda. A Bíblia diz que "Ele é o mesmo ontem, hoje e eternamente" (Hb 13:8). Então, se não estou experimentando a verdade, o amor e a realidade de um bom Pai em Deus, então há algo dentro de mim que precisa mudar e ser curado, e não algo dentro de Deus. Deus não vai mudar, pois não precisa. Nossa experiência com Deus mudará quando realmente obtivermos a cura de que precisamos para nossa alma e nosso coração.

O objetivo deste livro é inspirar seu coração a buscar a cura que Deus Pai deseja trazer para você. Ele faz parte de uma jornada para compreender e enfrentar sua dor, obter cura, aprender o que significa ser filho e viver a partir dessa verdade. Quero encerrar este capítulo incentivando você a continuar buscando a cura para o seu coração.

Já falamos sobre perdão em um capítulo anterior, e talvez você já tenha perdoado seu pai, mas eu sei que, antes de assumir seu lugar à mesa com Deus Pai, você precisa limpar seu coração das feridas de seu pai. Precisa expô-las a Deus e admitir que elas estão lá, e também perdoar seu pai pelos erros dele, libertá-lo do seu julgamento, talvez até perdoar a si mesmo por se apegar às mentiras, às dores e à raiva que carregou até aqui por tanto tempo, e então permitir que Deus Pai seja seu Pai.

Caso contrário, seu acesso a este lugar fica barrado, pois, quando não perdoamos, Deus Pai não nos perdoará. *"... e perdoa as nossas dívidas assim como perdoamos os nossos devedores"* (Mt 6:12).

Quando não perdoamos, estamos presos e atormentados, e o único que tem a chave da cela para a liberdade é você mesmo, por meio do perdão (Mt 18:21-35).

Somente ao escolher ser livre, você pode sentar-se à Mesa e realmente conhecer quem é Deus Pai. Pergunte a Ele o que deseja fazer neste momento e que informações gostaria de lhe trazer agora.

Portanto, convide-o a entrar nas feridas paternas agora mesmo e começar a te curar através do Seu poder e graça. Há cura para você nos braços de Deus Pai hoje.

capítulo 08

Filhos têm a atenção do Pai

"Deus tem atenção infinita, tempo de lazer infinito de sobra para cada um de nós. Ele não precisa nos colocar na fila. Você está tão sozinho com Ele como se fosse a única coisa que Ele já criou."
C.S. Lewis

O PAI DO ENCORAJAMENTO

Embora saibamos que Deus nunca muda, a maneira como O experimentamos muda. Quando você é curado, começa a experimentar as coisas de uma nova maneira; quando você entra em sua verdadeira identidade de filiação e vive a partir dessa verdade, também experimenta o Pai como Ele realmente é. O Pai é o Encorajador, é Protetor, Provedor; Ele é quem nos levanta quando estamos fracos, e quem trava batalhas por nós. Ele é aquele que nunca nos deixa ou nos abandona.

Ele é amor, é paciente, está sempre falando, está sempre atento, está sempre te ouvindo. Se isso parece bom demais para ser verdade, pode indicar que você ainda precisa de uma revelação de quem realmente é Deus Pai. Se for difícil para você acreditar que este é realmente o seu Deus, um Pai em quem pode confiar e em quem tem confiança, então oro para que você obtenha uma revelação disso antes de terminar este livro.

Acredito, no entanto, que, se você chegou até aqui, neste livro, então está no caminho certo para esta revelação, caso ainda não a tenha recebido. Aprendi que, ao longo da nossa jornada de cura e transformação, Deus Pai está ansiosamente nos encorajando e se revelando a nós. Ele nos mostra seu amor, especificamente quando mais precisamos dEle, ao darmos a permissão para que Ele seja um Pai para nós, e nós, um filho para Ele.

Temos que compreender e confiar que Deus Pai está nos conduzindo e nos guiando para um relacionamento e para uma intimidade mais profundos com Ele. É o que todos nós realmente desejamos, mas também é a coisa mais difícil de buscar com Ele, não porque Ele não esteja disponível e não deseje conexão, mas porque não permitimos que essa verdade molde nossas vidas.

> **"Se você quiser avaliar até que ponto uma pessoa entende o cristianismo, descubra o quanto ela entende a ideia de ser filho de Deus e de ter Deus como seu Pai. Se esse não é o pensamento que motiva e controla a sua adoração, orações e todo o sentido da sua vida, isso significa que ele não entende muito bem o cristianismo." J. I. Packer,** ***Conhecendo Deus***

Muitas vezes, não importa o quanto vamos à igreja, o quanto lemos a nossa Bíblia, quantas pregações ouvimos, quantas escolas dominicais frequentamos, quanto cristianismo vivemos... é necessário que haja um clique revelador dentro de nós. É a partir dessa compreensão que se acendem as luzes sobre a verdade do Pai, e isso só pode acontecer por meio de uma revelação pessoal e de um encontro com Ele. Não posso convencê-lo de que Deus Pai é bom e perfeito; você tem que experimentar isso por si mesmo!

Isso é, na maioria das vezes, a parte mais difícil desta jornada para muitos de nós, porque, para que o Pai se revele como um bom Pai para nós, provavelmente estaremos numa situação desafiadora e dolorosa. Lembra da minha história do capítulo "Encontrando Deus na minha dor"? Naquela época, aprendi que tinha um Pai que não me rejeitaria, não importa o que eu fizesse, dissesse ou como agisse. No entanto, foi uma das épocas mais difíceis da minha vida, e eu não gostaria de vivenciar algo semelhante novamente.

Por mais dolorosa que aquela temporada tenha sido para mim, ela construiu a base de como vivo minha vida mais de uma década depois. Essa história com Deus Pai é construída por intermédio de um relacionamento pessoal com Ele. E, por mais que eu queira, não posso te dar a minha história com Deus; cabe a você construir a sua própria história com Ele.

Porém, a boa notícia é esta: Ele está sempre disponível a te encorajar para que você corra, o abrace e chore em seu ombro, para que você processe suas dores com Ele, pois Ele é o Pai encorajador que está disponível para cada um de nós.

EM JESUS VEMOS O PAI

Ontem foi Páscoa, dia em que celebramos a morte e ressurreição de Jesus, e uma das coisas mais poderosas sobre a ressurreição de Jesus é que Jesus se revelou pessoalmente a todos os discípulos depois de ressuscitar. É lindo e pessoal porque, para a maioria deles, Cristo se revelou de maneiras específicas e individuais.

Tomemos como exemplo Tomé e sua incredulidade, ou, como gostamos de chamá-lo, o discípulo que duvidou. É engraçado que o rotulemos de cético, mas todos nós poderíamos receber esse rótulo também porque, muitas vezes duvidamos de Deus Pai, assim como ele fez. Não raro tenho pedido a Deus Pai para me ajudar com a incredulidade só porque Ele me disse algo em que também era muito difícil de acreditar!

No entanto, aqui está Tomé ouvindo os outros discípulos falarem sobre a ressurreição de Jesus; eles estão dizendo que viram Jesus e, mesmo assim, ele ainda não acredita. Ele então diz o seguinte:

> *"A menos que eu veja as marcas dos pregos nas suas mãos, e ponha o meu dedo onde estavam os pregos, e ponha a minha mão no seu lado, não acreditarei" (Jo 20:25).*

Que coisa ousada de se dizer! Em vez de julgar, quero que você olhe para as palavras de Tomé através das lentes da compaixão. Veja Tomé como um filho que ficou desanimado porque Seu mestre Jesus foi morto. Vejamos Tomé como uma criança que havia acabado de perder o seu herói, um discípulo que tinha acabado de perder o seu Rabino.

Tomé viveu três anos seguindo a Jesus, vendo todos os milagres, colocando seu coração e sua fé em Jesus a cada passo da jornada, apenas para ver seu Messias crucificado e morto. É quase como se seu coração não aguentasse mais a decepção e o desânimo. Se você olhar com compaixão para Tomé, verá que ele está apenas tentando proteger seu coração.

Pense naquelas noites que se passaram entre a cruz e a ressurreição. Posso imaginar que foram noites sem dormir para muitos discípulos, acordando sem esperança, em descrença, sem querer acreditar no que havia acontecido, talvez alguns dos discípulos até tenham começado a entrar em depressão. Você consegue imaginar a autoculpa e o diálogo interno dos discípulos, aqueles que abandonaram seu mestre e amigo para morrer sozinho na cruz?

Posso imaginar Tomé pensando: "Desta vez não, não vou colocar meu coração e acreditar em algo que parecia bom demais para ser verdade. Tenho que ver com meus próprios olhos para acreditar, tenho que colocar meus dedos onde eu vi aqueles pregos!". E é nesse lugar de compaixão que vemos Jesus respondendo, não com raiva, mas com amor ao pedido de Tomé. Jesus olha para Tomé com compaixão e lhe dá exatamente o que ele precisa para acreditar. Veja como Jesus se revela a Tomé:

> *"Uma semana depois, seus discípulos estavam novamente em casa e Tomé estava com eles. Embora as portas estivessem trancadas, Jesus veio, colocou-se no meio deles e disse: "A paz esteja convosco!" Então, ele disse a Tomé: "Coloque seu dedo aqui; veja minhas mãos. Estenda sua mão e coloque-a ao meu lado. Pare de duvidar e acredite." Tomé disse-lhe: "Meu Senhor e meu Deus!"*

Então, Jesus disse-lhe: "Porque você me viu, você acreditou; bem-aventurados os que não viram e creram" (Jo 20:25-29).

Isso foi pessoal para Jesus; e foi uma resposta pessoal ao coração de Tomé. A parte mais impactante de tudo isso é que Jesus não estava na sala quando Tomé disse aos outros discípulos *"a menos que eu coloque meus dedos nos buracos de suas mãos, não acreditarei"*. Isso aconteceu uma semana depois de Tomé ter dito isso aos outros discípulos! No entanto, Jesus ouviu seu pedido, conhecia seu coração e sabia exatamente no que ele precisava acreditar.

"Jesus muitas vezes nos dá as coisas de que precisamos para continuar a acreditar Nele. Viver na fé não afasta Deus, mas o aproxima."

Agora, eu sei o que você está pensando: "é de Jesus que você está falando, não é do Pai". Mas devo lembrá-lo de que Jesus disse, em João 14, que, se você vê a mim, então você vê o Pai. Em Jesus, vemos o que é viver como filho, mas também vemos os atributos de um Pai bondoso e amoroso. Através de Jesus vemos o Pai trabalhando aqui na terra.

O Pai e o Filho são um, é uma intimidade que não pode ser separada. Isso, sim, é um relacionamento, é o que acontece nas relações. Quando confiamos em Deus Pai, nos tornamos um com Ele também. A Bíblia diz que, aonde vamos, o Reino vai conosco. Somos filhos, embaixadores do Reino e portanto, parecemos e devemos agir como o nosso Pai, pois fomos criados à Sua imagem e, Ele está restaurando a nossa identidade nEle e construindo confiança nas nossas vidas.

VOCÊ TEM A ATENÇÃO DO PAI

Uma das coisas mais fascinantes para estudar e aprender é o relacionamento entre Jesus e seu Pai. É difícil compreender em nossa mente natural que Jesus é um com o Pai e um com o Espírito. Eles são três e ainda um. Temos que confiar e acreditar nisso com fé, porque realmente não existe uma explicação lógica para a trindade. É absolutamente sobrenatural.

Vemos que, em Jesus, há uma conexão de intimidade, confiança e compreensão que devemos aprender e buscar em nosso relacionamento com Deus Pai. Nesse sentido, o maior objetivo do inimigo é impedir ou dificultar a intimidade entre nós e o Pai, pois essa intimidade cria confiança entre nós, e essa confiança em Deus nos dá segurança para continuarmos a segui-Lo. À medida que confiamos nele, fazemos tudo o que Ele diz, e aonde quer que Ele diz para ir, nós vamos, mesmo que não entendamos ou tenhamos uma visão do todo.

Uma das coisas que mais tem me encorajado na minha caminhada com Deus é saber que Ele realmente me ouve. Ele ouve meus desejos, meu coração, e as minhas orações. Não sei se isso significa algo para você, mas me dá muita coragem e confiança de que Deus me ouve. Ele ouve minhas aflições, meu louvor e minha adoração; ouve também meus pedidos de ajuda e até minhas reclamações – o que acontece com mais frequência do que gostaria de admitir.

Jesus disse algo realmente interessante pouco antes de ressuscitar Lázaro dentre os mortos, e o fato de isso ter sido dito em voz alta e registrado nas Escrituras foi para nos lembrarmos e para que pudéssemos aprender.

"Jesus ergueu os olhos e disse: 'Pai, te agradeço por me teres ouvido. Eu sabia que você sempre me escuta, mas disse isso para o benefício das pessoas que estão aqui, para que acreditem que você me enviou" (Jo 11:41-42).

Você percebeu isso? Quero que você pare por alguns segundos e absorva essa verdade. Temos um Pai que nos ouve! O Deus do universo e de toda a criação ouve você. Ele não está muito atarefado, não está ocupado como seu pai terreno talvez sempre esteve; Ele ouve você.

Jesus não apenas achava que o Pai estivesse ouvindo: Ele sabia que o Pai estava ouvindo. E Jesus usou essa experiência para nos mostrar a relação entre Ele e o Pai para que pudéssemos acreditar!

Jesus veio para nos dar vida e vida em abundância, mas também para nos revelar uma relação com o Pai. Ele diz: "Eu sou o caminho, a verdade e a vida, e ninguém vem ao Pai senão por mim".

Isso significa que em Jesus temos acesso ao Pai, e esta é a razão pela qual Ele veio à terra, para nos dar um caminho para Deus Pai.

Não largue este livro sem compreender essa verdade incrível: o Pai está te ouvindo hoje, você tem Sua atenção absoluta.

Quero te perguntar algo: se você soubesse que tem a atenção do céu e a atenção do seu Pai completa para você, o que diria a Ele hoje? Quais pensamentos você precisa verbalizar para Ele, o que você precisa pedir a Ele? O que você faria ou diria a Deus Pai se soubesse e acreditasse que Ele realmente tem Sua atenção?

Sempre pensamos: "O que eu perguntaria ao gênio se tivesse três desejos?". No entanto, é muito mais profundo do que apenas três desejos. É quem eu seria e o que poderia fazer como filho quando sei que tenho a atenção e a afirmação do Pai em minha vida?

É muito mais relevante do que três desejos que você usa e depois não sobra nenhum. É uma vida inteira de aventura, intimidade, relacionamento, busca e propósito encontrados na conexão e intimidade com Deus Pai. Você tem acesso ao seu Pai e seu Pai, é o Deus do universo.

A IMPORTÂNCIA DA VOZ DO PAI EM NOSSAS VIDAS

Se não tivemos uma figura paterna saudável em nossas vidas, seria difícil apreciar, ouvir, obedecer e até mesmo acreditar na voz do Pai por nós, pois não tivemos referência na vida. É um processo de aprender a conhecer e confiar na voz do Pai, porque talvez nunca tenhamos tido uma voz paterna ativa em nossas vidas.

Nesta jornada com Ele, a voz de Deus Pai é algo com que talvez demoremos um pouco para nos acostumarmos, mas quanto mais você começar a conhecer Sua voz e a percebê-la, mais saberá que realmente O ouve. Quando O ouvimos e começamos a confiar nele, descobriremos que O temos ouvido durante toda a nossa vida, pois Deus não começa a ser seu pai apenas no dia em que você entrega sua vida a Ele; pelo contrário, Ele tem falado contigo desde que você nasceu.

Vemos isso na vida do profeta Jeremias, quando diz, em Jeremias 1:4-5:

"A palavra do Senhor veio a mim, dizendo: "Antes de te formar no ventre, eu te conheci, antes de você nascer eu te separei; eu te designei como profeta para as nações".

Embora essa palavra seja específica de Jeremias, ela nos mostra que Deus, o Pai, nos conhece antes de nascermos. Ele nos diferencia, nos dá um propósito e um chamado. Esperei o nascimento do meu filho com muito entusiasmo e muita expectativa, e Deus Pai faz o mesmo em nossas vidas e quando nascemos.

Lembro-me de quando Deus Pai se revelou a mim pela primeira vez; foi quando meu pai terreno me enviou o verso de Jeremias 29:11, que diz: "Pois eu conheço os planos que tenho para você, planos de fazê-lo prosperar e de lhe dar um futuro e uma esperança". Lembro-me exatamente de onde estava quando li esse versículo pela primeira vez, pois foi um momento que marcou minha vida.

Eu estava sentado dentro da minha caminhonete estacionada no campus da faculdade. Assim que li o verso, comecei a chorar incontrolavelmente ao sentir a promessa de Deus tomar conta de mim. Mesmo tendo cometido alguns dos piores pecados, senti Deus falar comigo que Ele tem planos para mim, tem um futuro para mim, e que há esperança para a minha vida!

Naquele dia e em muitos outros, a voz do Pai me deu muito encorajamento e esperança. Suas promessas são aquilo que me apego hoje e que me mantêm em movimento ao longo dos desafios da vida. E mesmo que às vezes eu nem compreenda a totalidade de tudo que Deus Pai tem e quer que eu faça, sei que o que Ele fala é porque me ama e guia a minha vida.

É lindo que vemos pela Bíblia toda e na vida de cada um que não somos um erro... Antes da fundação do mundo, Deus Pai já havia nos escolhido, chamado e predestinado a ser adotado como filho.

> *"E no amor ele nos escolheu antes de lançar os fundamentos do universo! Por causa do seu grande amor, ele nos ordenou, para que fôssemos vistos como santos aos seus olhos e com uma inocência imaculada. Pois sempre esteve em seu plano perfeito adotar-nos como seus filhos, por meio de nossa união com Jesus, o Ungido, para que seu tremendo amor que flui sobre nós glorifique sua graça - pelo mesmo amor que ele tem pelo Amado, Jesus, ele tem para nós. E esse plano desdobrado lhe traz muito prazer!" (Ef 1:4-5).*

Deus Pai tem prazer em sermos seus filhos, e cada um único e exclusivo para Ele. Por meio de Jesus temos livre acesso ao coração do Pai.

GERADO POR DEUS

Deus Pai sempre nos levanta. A Bíblia diz isso sobre Deus sendo nosso pai "porque o Senhor disciplina a quem ama, como um pai ao filho em quem deseja". (Pv 3:12)

Quando me tornei cristão, tive uma experiência interessante com meu primeiro mentor. Eu havia me convertido há cerca de um mês quando ele me perguntou pela primeira vez: "Como vai seu relacionamento com Deus?". Eu disse a ele como era incrível, pois Deus estava respondendo a cada uma das minhas orações! Eu havia entregado minha vida a Jesus na noite de ano novo, sozinho em minha casa, e naquele momento dei permissão a Ele para liderar e guiar minha vida como Pai.

Lembro-me de ter ficado chocado quando meu mentor me disse: "Aproveite enquanto durar, pois Deus nem sempre responderá todas as suas orações assim". Acho que fiquei tão chocado que posso ter dito a ele para "calar a boca" ou até mesmo "para trás de mim, satanás!", mas com o tempo eu entenderia o que Ele quis dizer com essa afirmação.

Os pais nem sempre dão aos filhos o que eles querem. Na verdade, eles os criam da maneira que mais precisam e, muitas vezes, a resposta ao que queremos é um não. Muitos de nós não precisamos de mais respostas positivas de Deus para tudo o que queremos, pois isso não nos permite crescer em submissão, e obediência, e também e não nos permite crescer em paciência e perseverança.

A Bíblia diz que o Pai corrige e disciplina aqueles que Ele ama, então, se Ele não amasse você, nunca o corrigiria. Entenda que não é sobre punir, pois a punição faz você se sentir como um erro e humilhado. Talvez você tenha sido espancado e abusado por seu pai terreno, por isso tenha dificuldade de compreender essa ideia, mas um pai amoroso corrige e disciplina um filho que Ele ama, conduzindo-o ao crescimento e à maturidade. A disciplina sempre nos eleva, pois não somos um erro! Ela revela a verdade e traz à tona os tesouros dentro de nós, mostrando-nos que somos muito mais do que nossos erros, uma vez que ela nos levanta em nossa verdadeira essência e nos leva a descobrir quem realmente somos.

"Quando você sabe que correção e disciplina é amor, isso muda a forma como você experimenta o Pai."

Deus, o Pai, colocou você em uma jornada para saber como ser um filho e caminhar no poder e autoridade que Ele lhe deu. Todos nós temos que aprender a confiar que Ele sabe o que é melhor para nós e está nos guiando para isso.

"Às vezes Deus Pai precisa desfazer o que nós aprendemos como ser filhos para que Ele possa refazer a nossa experiência com Ele como nosso Pai."

O PAI ACREDITA EM VOCÊ

Se há uma coisa que sei que Deus Pai tem me ensinado enquanto filho é apenas acreditar. Acreditar nEle, acreditar em mim mesmo, acreditar no que Ele disse, acreditar no que Ele me chamou para fazer... Apenas acreditar! Crer!

É tão simples, mas tão difícil, não é? Para acreditarmos quando não temos vontade, acreditar quando tudo ao nosso redor nos diz para não fazê-lo, quando as circunstâncias nos dizem para simplesmente desistir. Muitas vezes, há coisas em nossa vida que pensamos que não podemos fazer, que não podemos superar ou que não podemos derrotar.

Mas o Pai acredita em você mais do que você mesmo.

Na verdade, Ele está fazendo com que você acredite em si mesmo, nas verdades D'Ele sobre você, para que Ele possa liberar para você tudo o que Ele o chamou para fazer.

Muitas vezes, Deus nos unge para algo antes de estarmos prontos para isso, e então Ele nos leva ao que Ele nos chamou para ser. Muitas vezes, é por isso que lutamos contra todas as dúvidas, todas as comparações, e toda a dor que ainda resta dentro de nós.

Às vezes, não entendemos que a palavra profética libera o potencial daquilo que Deus quer fazer, mas então o trabalho de transformação realmente começa dentro de nós.

A transformação é, na verdade, a parte mais difícil de tudo isso, pois você não pode ser transformado e permanecer o mesmo. Eventualmente, você deve concordar com o Pai, dar um passo de fé e coragem, e acreditar que o que o Deus Pai disse sobre você é verdade.

Você vai precisar fazer isso na sua família, nos seus negócios, quando o médico falar que você está com câncer... em outras palavras vai ter que acreditar que Deus Pai dá a palavra final em sua vida e mais ninguém, tendo em mente que a Bíblia diz que o justo vive pela fé!

Nossa fé é acreditar mesmo quando você não consegue ver o que deseja ver. É quando você faz parceria com as verdades do céu, e elas se tornam maiores do que a sua própria verdade e a sua realidade. Basta que Ele esteja conosco.

Descobri que o Pai nos prepara para vencer batalhas que não sabemos se conseguiremos vencer, porque Ele quer nos mostrar que quando Ele está conosco nada é impossível!

capítulo 09

O Pai que envia gigantes

"Você prepara uma mesa diante de mim na presença dos meus inimigos."
Rei Davi, Salmos 23:5

A cura e intimidade com Deus Pai muda nossa perspectiva, e o relacionamento com Ele nos dá confiança para confiar nEle. Com Deus como nosso Pai, passamos de vítimas a vencedores. Paramos de pensar que Deus está contra nós, ou que o mundo está contra nós, para saber que, se o nosso Deus é por nós, quem poderá estar contra nós? Nossa identidade como filhos e filhas de Deus muda o filtro de como vemos nossas vidas.

Deus é um Pai amoroso que não nos nega nada de bom. Ele está nos moldando em Seus filhos e filhas através de tudo o que está fazendo, pois é perfeito em todos os sentidos e nos conduz e nos guia em Sua perfeição, dando-nos a certeza de que não há falha em Seus planos.

Às vezes, podemos pensar que Deus quer nos pegar, que Ele está nos permitindo perder, suportar ataques espirituais ou permanecer quebrados. Mas a verdade está longe disso. Deus, o Pai, está nos moldando como Seus filhos e Suas filhas, e Ele sabe exatamente de que precisamos para crescer e nos tornarmos as pessoas que Ele nos chamou para ser. Ele sabe quais obstáculos estão à nossa frente, e está usando situações e a própria vida para nos moldar e nos transformar nos filhos e nas filhas que Ele nos chamou para ser.

Quando somos curados, vemos o Pai como Ele é, e entendemos por que Ele faz o que faz, tudo muda. Todos os pais funcionais sabem que seus filhos precisam de algumas coisas para crescer. Eles precisam de desafios, adversidades, apoio, amor, mas também precisam ser encorajados a fazer coisas que parecem impossíveis.

Um bom pai está constantemente preparando seus filhos para o crescimento e a maturidade, com novos obstáculos e desafios ao longo do caminho. É o que todo professor faz por seus alunos, o que todo instrutor faz por aqueles que instrui e o que um pai faz com seus filhos.

Deixa-me dar um exemplo: sou faixa azul de jiu-jitsu brasileiro e treino na Gracie Barra,[1] aqui em Florianópolis. Durante nosso treinamento, nosso professor nos coloca em contato com parceiros de treinamento. Às vezes, ele nos coloca em contato com pessoas de faixa inferior à nossa, para que eles possam melhorar lutando em uma faixa de nível superior, mas também para que possamos melhorar no ensino e na prática de coisas mais técnicas.

Cada professor sabe, também, que é melhor para uma pessoa de faixa inferior lutar contra outra de faixa superior

---

1 Gracie Barra é uma academia de jiu-jitsu brasileiro co-financiada em 1986, por Carlos Gracie Jr., filho de Carlos Gracie, um dos fundadores do jiu-jitsu brasileiro.

e mais experiente, pois na verdade só assim você pode melhorar e crescer no jiu-jitsu. Não consigo crescer na modalidade se eu luto sempre nas faixas inferiores e estou sempre vencendo. Não, preciso e quero lutar nas faixas marrom e preta para poder avançar. Às vezes, a única maneira de aprendermos é quando perdemos; porque a derrota nem sempre é o fim do mundo; na verdade, às vezes é o próximo passo para vencer.

Nossos professores de jiu-jitsu costumam dizer isso: você não aprende muito vencendo. É somente perdendo e tentando novamente que você aprende e cresce. Treinamento e experiência fazem toda a diferença; na verdade, deveríamos ser gratos quando somos colocados em situações desafiadoras em que aprendemos e precisamos para nos tornarmos pessoas melhores e, assim, obtermos sucesso. Esse é o modo de vida, é o caminho do discipulado e o caminho da filiação.

O PAI QUE TE DÁ DEMAIS

Muitas vezes, gostamos de citar um versículo fora do contexto e dizer que "Deus não lhe dará mais do que você pode suportar...", mas não acho que isso seja totalmente verdade, pelo menos não da maneira que acreditamos que seja. Na verdade, o que a Escritura realmente diz é o seguinte:

> *"Nenhuma tentação tomou conta de você, exceto aquela que é comum à humanidade. E Deus é fiel; ele não permitirá que você seja tentado além do que você pode suportar. Mas quando você for tentado, ele também lhe dará uma saída para que você possa suportar."* – (1Co 10:13, NVI)

O que Deus está falando aqui é sobre pecado e tentação, e não sobre sofrimento e desafios na vida. O apóstolo Paulo não está dizendo que "Deus não lhe dará mais do que você pode suportar..."; na verdade, o que Ele está dizendo é que Deus não permitirá que a tentação o domine. Por quê? Porque Jesus resistiu ao inimigo e o derrotou de uma vez por todas, e você também pode! No entanto, não estamos isentos de desafios. Não pense que ele vai estalar os dedos e fazer com que todos os nossos problemas desapareçam, pois ele é bom demais para isso. Acredito que Deus muitas vezes nos coloca em posições que parecem estar além de nossas forças, mas ele o faz porque, nessas situações, devemos confiar nEle, e não em nossa própria habilidade.

> **É o que faz um bom Pai e um bom líder. Eles preparam você para o sucesso, expandindo-o em locais de fraqueza e desafios que fazem você estar à altura da situação.**

Lembro-me de quando era fuzileiro naval de dezoito anos e estava no Iraque pela primeira vez. Eu estava na infantaria, e estávamos na cidade de Fallujah. Havíamos chegado logo depois que outra unidade da Marinha tinha atacado a cidade inteira, foram de casa em casa matando milhares de combatentes insurgentes. Era janeiro de 2005, estava muito frio e solene num deserto a mais de dez mil quilômetros de casa!

Quando chegamos, senti como se estivesse em Stalingrado, na Rússia, na Segunda Guerra Mundial. Todas as casas e prédios tinham buracos de bala, pois haviam sido bombardeadas. Era uma loucura. Tenho uma foto no meu computador de um carro que explodiu e caiu em cima de uma casa! A responsabilidade da minha unidade era patrulhar três vezes por dia e mitigar quaisquer conflitos, mantendo a segurança na cidade. Era uma cidade com cerca de 900.000 habitantes, e os civis que tinham fugido da batalha estavam agora regressar às suas casas depois de terem sido forçados a sair.

Foi um caos, pois não sabíamos em quem confiar e estávamos encontrando armas e, às vezes, recebendo ataques de armas letais e de armas menores. A primeira vez que me feri em uma explosão foi no dia de São Patrício, 17 de março de 2005. Um dia, meu líder disse: "Andy, esta noite, você deverá pegar a equipe e liderar a patrulha". Lembro-me de pensar: "Espera, o quê? Ainda não estou pronto para isso, sou apenas um garoto de 18 anos". Mas ele estava falando sério, e começamos a trabalhar fazendo tudo o que era necessário para planejar e preparar nossa equipe para a patrulha. Era hora de eu crescer e liderar.

Fiquei apavorado. Eu estava liderando uma equipe de outros sete fuzileiros navais em uma cidade insurgente; na verdade, a maioria desses outros fuzileiros navais já tinham pelo menos duas viagens de experiência de combate no Iraque. Esses foram os caras que invadiram o Iraque, e vi pela minha televisão dois anos antes, enquanto eu assistia da minha pequena mesa em uma pequena sala de aula em Idaho, a 10 mil quilômetros de distância. Mas agora era minha vez de liderá-los.

Olhando para trás, para aquela experiência, agora sei o que meu líder estava fazendo. Ele estava me preparando para me tornar o líder que um dia eu seria. Mais tarde, eu me tornaria o batedor-chefe de um pelotão de atiradores e lideraria quatro equipes de atiradores em ambientes de combate. Mas aos dezoito anos eu não entendia nem compreendia o futuro, apenas sentia o peso e a pressão avassaladores de como vou conviver com o fato de ter alguém ao meu redor morto nesta patrulha. Eu não queria cometer nenhum erro.

Felizmente, tudo correu conforme o planejado, e aprendi a liderar homens desde muito jovem. Foi um passo importante de crescimento e confiança na minha curta carreira no Corpo de Fuzileiros Navais. Agora, posso ver a mão do Pai nos dando desafios para nos fazer crescer e ser moldados em quem Ele nos chamou para ser. Como eu disse antes: é isso que os Pais fazem.

Na verdade, nos dias atuais e na sociedade moderna, essa oportunidade de nos provar, especialmente como jovens, é inexistente. Por exemplo, meu pai me deu um rifle quando eu tinha doze anos. Sim, ele me deu uma arma no meu aniversário de doze anos, pois foi exatamente o que o pai dele fez por ele. É um rito de passagem, uma forma de dizer "bem-vindo à responsabilidade de ser jovem homem". Na verdade, acredito que até matei meu primeiro cervo no ano seguinte, quando tinha treze anos. Como você pode imaginar, armas e caça eram um estilo de vida que tive na minha adolescência.

No entanto, na sociedade atual não existe realmente nenhum direito de passagem para muitos homens, e no Brasil isso é praticamente inexistente. Quando existe , em especial no caso daqueles que possuem condições financeiras, eles acabam ganhando um carro que sequer se esforçaram para pagar. Ou, o menino é levado para a zona para se deitar com uma prostituta, como se isso o fizesse um homem.

Quando ministro em conferências de homens, costumo falar sobre isso, porque meninas fazem festa de aniversário de quinze anos aqui no Brasil, certo? Seus pais, familiares e amigos comemoram o fato de elas se tornarem mulheres. Contudo, o que os homens recebem para demonstrar ao mundo que são homens? Nas culturas tribais , existem ritos diferentes, mas no Brasil não costumamos ver isso. Este rito de passagem é de extrema importância, especialmente para os jovens, pois, sem essa validação paterna, eles podem se sentir aprisionados em sua imaturidade até a idade adulta.

Os pais dão identidade, revelam e celebram o nosso progresso e crescimento ao longo da vida. Eles caminham conosco na jornada de crescimento de crianças a adultos, dando-nos desafios e provações para nos ajudar a nos transformarmos nas pessoas que seremos. Esse é um dos papéis de um pai, nos permitir enfrentar esses desafios nos fazem crescer e nos tornar tudo o que podemos ser.

HÁ UM PAI NA HISTÓRIA

Era a semana do Dia dos Pais de 2023, e eu estava pedindo a Deus a mensagem que Ele queria que eu pregasse para minha igreja local, a Younity Church. Nem sempre gosto de ficar preso a um tema para uma pregação, mas pregar uma mensagem do dia dos pais no dia dos pais é bastante comum e esperado.

Enquanto eu orava e buscava a mensagem de Deus, senti como se Deus me pedisse para pregar sobre Davi e Golias. Não sei se você já leu a respeito de Davi e Golias, mas é a história de um menino matando um gigante. Achei que talvez Deus estivesse confuso ou eu o tivesse ouvido errado, pois não achei que houvesse algo a ver com um pai naquela história em particular. Mas foi aí que Deus falou comigo, com a curiosidade que Ele muitas vezes desperta em mim: *"Andy, há um pai aqui nesta história que quero mostrar a você; essa é a mensagem que quero que pregue neste dia dos pais".*

Confuso, mas acreditando em Deus, comecei a ler 1 Samuel 17 para descobrir onde estava esse pai de quem Deus, meu Pai, estava falando. Vamos dar uma olhada juntos nessa história, e vou te mostrar o que Deus me mostrou.

Apenas para contextualizar, o profeta Samuel ungiu o jovem Davi para ser o próximo Rei de Israel, conforme descrito em 1 Samuel 16. Davi foi escolhido diretamente por Deus, sendo o mais novo dos filhos de Jessé. Depois de ser ungido, Davi retornou ao campo para cuidar das ovelhas. Frequentemente, as declarações e promessas que Deus faz em nossas vidas chegam muito antes de se concretizarem.

Ele nos dá promessas em forma de semente, mas devemos lembrar de que Ele é um bom Pai e está preocupado não apenas com o destino, mas com o processo em nossas vidas também.

Então, aqui em 1 Samuel 17 (ESV), os exércitos de Israel e os exércitos dos filisteus estão reunidos para lutar, cada um deles de um lado do vale.

Durante quarenta dias, um gigante chamado Golias, que tinha quase 2,5 metros de altura, saía e amaldiçoava os exércitos de Israel e o seu Deus. Ele desafiou os homens de Israel a enviarem o seu maior guerreiro para lutar contra ele, mas ninguém do exército israelita se atreveu a aceitar o seu desafio. Todos ficaram aterrorizados durante quarenta dias! A Bíblia diz que Golias os desafiava todas as manhãs, todo meio-dia, e novamente à noite. Então, na verdade, mais de cem vezes ele fez isso e ninguém apareceu. O medo pode ser paralisante para todos nós e, na verdade, quanto mais tempo ficamos com medo, pior ele pode ficar.

Então, nessa época, Jessé, pai de Davi, disse ao menino que levasse grãos, pães e queijo para seus irmãos e comandantes. Davi, como sabemos, era muito jovem para estar no exército israelense, e a maioria dos teólogos acredita que ele tinha menos de dezoito anos na época. Em outras palavras, ele ainda era um menino, por isso não está presente nesta batalha.

Davi chega ao campo de batalha para encontrar seus irmãos e, nesse momento, o gigante sai mais uma vez para desafiar o exército de Israel. Depois de ouvir o desafio de Golias Davi pergunta: *"Pois quem é este filisteu incircunciso, para desafiar os exércitos do Deus vivo?"*. Depois que os homens do exército ouviram isso, eles começaram a falar sobre Davi, e os irmãos deste tentaram fazer calar a boca dele perguntando-lhe: *"Por que você está aqui? Por que você não está com as ovelhas?"*.

O rei Saul ouve o que Davi disse e pede que o menino seja levado até ele. Davi responde a Saul no versículo 32 dizendo: *"Não desfaleça o coração de ninguém por causa dele. Teu servo irá lutar com esse filisteu!"*. Saul fica chocado e tenta convencê-lo de que ele é louco e que Golias é um grande guerreiro; mas Davi responde novamente a Saul: *"Teu servo costumava pastorear ovelhas para seu pai. E quando vinha um leão, ou um urso, e pegava um cordeiro do rebanho, eu ia atrás dele e o matava. Teu servo matou leões e ursos, e este filisteu incircunciso será como um deles, pois desafiou os exércitos do Deus vivo. O Senhor, que me livrou das garras do leão e do urso, me livrará das mãos deste filisteu".*

Quero refletir sobre esse momento aqui com você, pois Davi não passa de ungido a rei e vai diretamente para o campo de batalha. Não, ele passa de ungido a rei para ser testado no pasto com as ovelhas. Acredito que Deus, o Pai, permitiu que os leões e os ursos viessem testar Davi, então, quando chegou a hora do gigante, Davi teve a coragem e a confiança em Deus de que Golias seria apenas mais um leão ou urso que ele teria que derrotar em sua vida.

O Pai nos molda ao longo da vida para que, quando chegue o momento da revelação, estejamos prontos, corajosos e possamos confiar em nosso Pai!

A história continua, e Saul tenta ajudar Davi dando-lhe sua armadura, mas ela não foi feita para Davi e não cabe nele. Davi diz: *"Não posso lutar com isso, a armadura é sua, não minha, é grande demais para mim".* Acredito que isso também simboliza o que outras pessoas têm e que tentamos assumir para nós mesmos. Sua história com Deus, suas experiências, as respostas que os outros têm, as batalhas que travaram. Deus construiu sua armadura e suas armas exclusivamente para você. Para Saul, foi um escudo e uma espada; para Davi, foi apenas uma funda. Na verdade, tenho uma tatuagem de armadura que cobre meu braço esquerdo e serve para me lembrar dessa verdade. Sua armadura é construída especificamente para você; ela não pertence a mais ninguém.

À medida que a história continua, sabemos que Davi sai ao encontro de Golias, e este zomba dele basicamente dizendo:

> *"Vou matar você, garotinho". Mesmo assim, Davi responde: "Você vem contra mim com espada, com lança e com dardo, mas eu vou contra você em nome do Senhor dos Exércitos, o Deus dos exércitos de Israel, a quem você desafiou. Hoje o Senhor te entregará em minhas mãos, e eu te matarei e cortarei sua cabeça para que toda a terra saiba que existe um Deus em Israel, e para que toda esta assembleia saiba que o Senhor salva não com espada e lança. Porque a batalha é do Senhor, e ele te entregará em nossas mãos".*

Davi está reconhecendo aqui que Ele não está sozinho, mas que o Senhor seu Deus está com ele. Davi não está apenas esperando que Deus esteja com ele, pois sabe que isso é uma verdade. Quando sabe que seu Pai está com você, isso lhe dá coragem para enfrentar os ataques dos inimigos e caminhar com ousadia para a arena de batalha.

Sabemos que Davi, logo após declarar ao gigante que o mataria, de fato o mata quando uma pedra de sua funda atinge o gigante, bem entre os olhos. Davi, então, vai e corta a cabeça do gigante tal como disse que faria, e o exército de Israel regozija-se com essa grande vitória!

Amo o fato de que, depois dessa vitória, o povo de Israel começa a declarar que Davi é um homem poderoso, maior que o seu próprio rei, Saul; e sabemos que o destino de Davi está traçado para que ele seja o futuro rei. É incrível como Deus o ungiu em particular, mas depois o revelou em público, mostrando que é típico de um pai abençoar seu filho em particular e depois elogiá-lo publicamente.

É aqui que Deus me mostra a chave dessa história, e se aprendermos a olhar atentamente, veremos que o Pai está em toda a Bíblia esperando para ser revelado a cada um de nós.

Ao ler a história de Davi e Golias naquela semana, preparando-me para minha mensagem de domingo, cheguei ao final do capítulo dezessete. Depois que Davi derrotou Golias, depois que cortou a cabeça e colocou a armadura do gigante em sua tenda, a Bíblia diz isso nos versículos 55 a 58:

> *"Assim que Saul viu Davi sair contra o filisteu, perguntou a Abner, comandante do exército: "Abner, de quem é filho este jovem?". E Abner disse: "Quanto vive a tua alma, ó rei, não sei". E o rei disse: "Pergunte de quem é filho o menino". E voltando Davi de ter ferido o filisteu, Abner o tomou e o levou diante de Saul, com a cabeça do filisteu na mão. E Saul lhe perguntou: "**De quem és filho**, jovem?" E Davi respondeu: "**Sou filho** de seu servo Jessé, o belemita".*

Ainda posso sentir a Presença de Deus nessa revelação que o Pai me deu. Ao viver o Seu propósito, ao derrotar o gigante, ao viver com coragem, ao fazer o impossível que ninguém mais ousou fazer, Davi revela quem é o seu pai. Enquanto Saul pergunta a Davi sobre seu pai natural, quem Davi realmente revela é seu Pai Celestial. E quando conquistamos vitórias em nossas vidas, quando fazemos o impossível contra todas as probabilidades, quando derrotamos os gigantes que ninguém mais consegue vencer, revelamos nosso Pai ao mundo também!

Isto é o que vemos Jesus fazer: Ele veio revelar o Pai: *"Se vocês me viram, então viram o Pai"* (Jo 14:89). Deus usa nossas circunstâncias para se revelar através de nossas vidas a um mundo ferido e moribundo ao nosso redor. Os desafios, as derrotas, o fazer o impossível revela o Pai para nós e para o mundo que nos rodeia. O Pai está em cada história da sua vida, te desafiando, te revelando, te motivando a ser corajoso. Então, tenha certeza que você não está sozinho; Ele está contigo e é por você!

O VALE DA SOMBRA DA MORTE

Um dia eu estava lendo o famoso Salmo 23, que muitos de nós conhecemos. Que diz:

> *"O Senhor é meu pastor, nada me falta. Ele me faz deitar em pastos verdejantes, me conduz às águas tranquilas, refresca minha alma. Ele me guia pelos caminhos certos por amor do seu nome.* ***Ainda que eu ande pelo vale mais escuro****, não temerei mal algum, pois você está comigo; a sua vara e o seu cajado me consolam.* ***Você prepara uma mesa diante de mim na presença dos meus inimigos.*** *Você unge minha cabeça com óleo; meu copo transborda. Certamente a sua bondade e o seu amor me seguirão todos os dias da minha vida, e habitarei na casa do Senhor para sempre"* (Sl 23).

Depois que terminei de ler, fiz esta pergunta a Deus: "De que vale Davi está falando aqui?". Foi naquele momento que senti algo que acredito ser verdade, mas nunca consegui confirmar por meio do estudo bíblico.

Acredito que o vale da sombra da morte de que Davi está falando é o vale entre os israelitas e os filisteus no dia em que ele mata Golias. Imagine, Davi descendo sozinho uma colina para entrar no vale de onde apenas um homem sairá vivo.

Ele está caminhando por um vale no qual, por quarenta dias, e mais de cem vezes, um gigante, maior do que qualquer outro que alguém tenha visto, está declarando a morte do povo de Deus. Essa cena parece impossível, e deve ter sido absolutamente assustador estar no lugar de Davi; mas Deus estava com ele.

"Mesmo que eu ande pelo vale da sombra da morte, você está comigo...". É uma bela garantia de que Davi sabia que Deus estava com ele. Esse é o Deus de seus pais Abraão, Isaque e Jacó. Esse é o Deus que permite que gigantes entrem em nossa vida não para nos destruir, mas para nos revelar, e, por sua vez, revelar nosso Pai através de nós!

Vejam isto: "Ele me guia pelos caminhos certos, por amor do Seu nome" é e sempre foi sobre o Pai. Ele está liderando e guiando você para que o nome dEle seja conhecido na terra, e não apenas o seu. Ele quer usá-lo para elevar Seu nome a fim de que outros possam conhecer e servir nosso Rei Jesus e conhecer nosso Deus Pai!

Portanto, você precisa se lembrar de todas as coisas incríveis que Deus Pai fez em sua vida, sempre trazendo a memória todas as vezes que Ele te poupou, todas as vezes que Ele te libertou e, todas as vezes que Ele te resgatou das mãos do inimigo. Todas as vezes que Ele permitiu que desafios moldassem você, foi para mostrar que Nele você sempre tem vitória. O Pai está se revelando a você através de tudo isso! De certa forma, você está lendo este livro agora; você sobreviveu, você venceu, e Ele esteve sempre presente.

Essa lembrança se tornará o seu salmo pessoal, o qual lhe permitirá recordar o seu passado e lhe dará esperança para o seu futuro. O Pai está com você, Ele realmente está com você, e agora é sua chance de aceitar e ocupar seu lugar à mesa de seu Pai.

Para encerrar este capítulo, Davi inclui esta linha em seu salmo: "Você prepara uma mesa para mim, na presença dos meus inimigos".

Deus Pai é aquele que preparou uma mesa para você, uma mesa para festejar, uma mesa para ser recebido, uma mesa para vir e sentar-se com Ele na presença de seus inimigos. Essa não é uma mesa onde você está sentado sozinho, mas sim uma mesa que Ele preparou e te convidou para se sentar com Ele, provando seu amor e sua fidelidade contigo.

Então, chegou a hora de assumir o seu lugar nesta mesa que o Pai tem preparado para você desde o início dos tempos.

capítulo 10

Assumindo seu lugar à mesa de Deus Pai

"E eles virão do leste e do oeste, do norte e do sul, e se reclinarão à mesa no reino de Deus."
Lucas 13:29 (NVI)

Eu quero te fazer uma pergunta. Quando você pensa em se sentar à mesa, o que imagina? Você pensa em um lugar para trabalhar? Pensa em um lugar para relaxar? Em um lugar para comer? Você pensa em um lugar para formar relacionamentos profundos? É um lugar de paz ou um lugar de conflito?

Quando Deus diz que nos reclinaremos à Sua mesa no Seu reino, acredito que Ele está nos convidando a ter algumas experiências diferentes com Ele. Ao terminarmos este livro juntos, quero finalizar com você algumas das coisas que acredito que a mesa do Pai pode e será para você e para mim.

- **A mesa do Pai é um lugar de relacionamento com Ele;**
- **A mesa do Pai é um lugar de relacionamento com os outros;**

- **A mesa do Pai é um lugar de cura;**
- **A mesa do Pai é um lugar de aventuras;**
- **A mesa do Pai é um lugar de provisão;**
- **A mesa do Pai é um lugar de educação e crescimento;**
- **A mesa do Pai é um lugar para estratégia e sabedoria divinas;**

A MESA É LUGAR DE RELACIONAMENTO COM O PAI

Este é absolutamente o foco e a razão pela qual temos um lugar à Sua mesa. O seu lugar à mesa dEle pode ser resumido no desejo dEle de ter um relacionamento com você. **Lembre-se de que era o desejo dEle ter um relacionamento com você antes mesmo de ser seu desejo ter um relacionamento com Ele,** e podemos ver essa verdade desde o início dos tempos, quando Deus criou Adão e Eva e caminhou com eles no jardim.

A intimidade com você é o desejo de Deus Pai. Ele não quer apenas que você esteja no mesmo ambiente ou a poucos metros d'Ele. Na verdade, muitos de nós estamos na sala com o Pai e a família, mas não estamos à mesa com Ele. Na realidade, não estamos sentados com Ele porque escolhemos apenas observá-Lo a distância, mas oberservar a distância nunca nos trará os mesmos benefícios que sentar com Ele.

Lembre-se: Jesus é o caminho para o Pai e, através de Seus feitos, Ele nos trouxe um relacionamento íntimo com Deus. A porta foi aberta para nós por causa de Jesus, e eu realmente espero que agora você já tenha percebido que o Pai não apenas preparou uma mesa para você, mas também estendeu um convite para vir e sentar-se com Ele.

É um convite para você independentemente da cor da sua pele, se você é homem ou mulher, que idioma você fala, quais habilidades você tem, quanto dinheiro tem. É somente por meio da crença em Jesus e da fé em Cristo que essa mesa está aberta para nós.

Você não ganha um lugar à mesa por meio do que faz, mas o recebe por causa do que Jesus fez. Em outras palavras, não conquistamos esse lugar, mas assumimos o lugar que o Pai já nos deu.

Todo este livro foi construído em direção a essa verdade óbvia, mas negligenciada, a saber, que o Pai preparou um lugar para você à mesa, para que você não apenas saiba disso em sua mente, mas também creia em seu coração, e assuma sua posição à Sua mesa.

A Bíblia ainda diz que estamos sentados nos lugares celestiais à direita do Pai com Jesus. Veja este versículo em Efésios 2:4-6 (ESV):

> *"Mas Deus, sendo rico em misericórdia, pelo grande amor com que nos amou, mesmo quando estávamos mortos em nossos delitos, nos vivificou juntamente com Cristo - pela graça vocês foram salvos - e nos ressuscitou com ele e fez-nos* ***assentar com ele nos lugares celestiais em Cristo Jesus****, para que nos séculos vindouros mostrasse as riquezas incomensuráveis da sua graça, pela sua benignidade para conosco em Cristo Jesus. Pois pela graça você foi salvo por sua fé. E isso não é culpa sua; é dom de Deus, não resultado de obras, para que ninguém se glorie".*

Esse é um aspecto importante do que precisamos entender, pois no futuro estaremos realmente sentados com Jesus e o Pai, mas agora estamos sentados com o Pai em Jesus. Seu assento à mesa é um lugar de posição e autoridade, e precisamos assumir essa posição de autoridade e nosso direito como Seus filhos e filhas.

No relacionamento com Deus Pai, você está sentado em um lugar de autoridade com Ele agora, e, nessa posição de autoridade, Jesus está observando o Pai, e nós também deveríamos estar. Lembre-se do que Jesus disse: *"Em verdade, em verdade vos digo que o Filho não pode fazer nada por si mesmo, mas apenas o que vê o Pai fazer.* **Pois tudo o que o Pai faz, o Filho também o faz"** Jo 5:19, NVI.

Recentemente, coloquei meu filho Ben Judah no jiu-jítsu. Ele ainda não tem três anos, mas já é capaz e inteligente para começar a treinar. No primeiro dia dele, eu apenas o observei de fora do tatame e o incentivei a participar com as crianças da aula. Mas, no segundo dia de treino, eu coloquei meu quimono também e fiz minha aula com os adultos de um lado do tatame enquanto ele fazia a aula com as crianças do outro lado.

Quando começamos a aula, Ben Judah passou os primeiros dez minutos observando enquanto me aquecia com os adultos. Durante toda a aula, ele parava e olhava para mim para ver o que eu estava fazendo, e eu acenava para ele com as mãos, ao que ele sorria e depois voltava a treinar. Essa é uma imagem profética para nós de nosso relacionamento com nosso Pai. Jesus observou o Pai e seguiu Seus passos, e o Pai o encorajou como a um filho.

O filho sempre quer estar com o Pai, e o Pai com o filho. Muitas vezes, quando digo ao meu filho que vou a algum lugar, ele diz em português: "junto", pois é natural que os filhos queiram ir com os pais e façam o que os pais fazem.

A mesa com o Pai é um lugar de conexão, um lugar de intimidade, e de vigiar e observar o que o Pai está fazendo, mas também é um lugar de encorajamento. Esse é um verdadeiro relacionamento: à mesa, vejo e ouço meu Pai, recebendo o incentivo necessário para minha transformação.

> **"Fui salvo quando acreditei em Jesus, mas comecei a ser transformado no dia em que percebi que Ele (o Pai) acreditava em mim." Kris Valloton**

Se vamos assumir nosso lugar à mesa do pai, teremos que nos retirar de mesas às quais não pertencemos mais. Alguns de nós temos vivido toda a nossa vida à mesa do orgulho, da raiva, do pecado, do egoísmo, entre outras... mas a mesa do seu Pai está aberta e disponível para você vir e sentar-se.

Na mesa do Pai não tentamos apenas ser bons; em vez disso, somos transformados por meio do nosso relacionamento com Ele. Não é responsabilidade do Pai removê-lo da mesa se você não agir adequadamente. Em vez disso, quando percebemos que fomos convidados a sentar à mesa com Ele, precisamos aprender a nos comportar como filhos e filhas.

É um grande privilégio estarmos com Ele, e quando entendemos isso, não queremos fazer nada que possa sabotar esse privilégio. Em comparação com o seu lugar com o Pai por toda a eternidade, todas as coisas boas que podem ser dadas a nós nesta vida nem sequer se comparam.

O lugar à mesa do Pai não é apenas um evento único, mas um convite contínuo para que venhamos e sejamos conhecidos. É também uma oportunidade para crescermos e nos tornarmos os filhos e filhas maduros que Ele nos chamou para ser. Sendo assim, você não está lutando por uma posição na mesa dos Pai, pois já a recebeu. Portanto, lembre-se de que:

> **Os órfãos lutam para que suas vozes sejam ouvidas, mas os filhos descansam no fato de serem vistos, ouvidos e amados.**

Não estou tentando fazer com que minha voz seja a mais alta da sala, até porque não preciso que seja. Não busco chamar a atenção dos outros para tudo o que faço, pois tenho a atenção do Pai e sou único para Ele. A atenção d'Ele é tudo para mim. Ele é suficiente para suprir minhas necessidades, e nada pode preencher o que só Ele pode preencher.

Você já conversou com alguém e não conseguiu nem falar uma palavra porque essa pessoa não ficava quieta? Nunca nos esquecemos daquela pessoa chata que só se interessa por si mesma. Porém, alguns de nós já fomos essa pessoa insegura que não para de falar, mas esse processo é uma transformação contínua em que estamos crescendo.

Recentemente, minha esposa e eu viajamos e pregamos em família em outra cidade, e foi incrível! Fomos convidados por um casal que era líder da igreja para almoçar. Foram momentos incríveis, mas, por alguma razão, eu estava nervoso e inseguro, e, mesmo sabendo que estava falando demais, não consegui parar.

Quando voltamos ao carro para sair, minha esposa disse: "você percebeu que estava..." Eu a interrompi no meio da frase e disse: "sim, eu sei; não sei o que aconteceu, mas ainda preciso trabalhar em algo internamente". Era um comportamento órfão clássico.

Mesmo que ainda haja uma atitude de órfão em meu comportamento, não preciso me desligar e me culpar por isso. O que preciso fazer é reconhecer o comportamento mais cedo e passar a viver como filho, pois é assim que assumimos o nosso lugar à mesa do pai.

Eu não saio da mesa por causa da minha insegurança ou algo assim. Não, eu trabalho nisso e até me abro à correção de Deus Pai e dos meus irmãos e irmãs em Cristo. Temos que perceber que o Pai está nos atraindo para Ele mesmo com todas as nossas falhas e com todas as nossas fragilidades, ele o faz porque acredita em nós mais do que nós mesmos e porque, os planos dEle e a esperança que Ele tem para nós é maior do que podemos imaginar!

A MESA É O LUGAR DE RELACIONAMENTO COM OS OUTROS

Uma das coisas mais surpreendentes de ter um lugar à mesa do Pai é que não estamos sozinhos. Ele nos trouxe para Sua família e, portanto, temos um relacionamento com Deus, mas também precisamos ter relacionamentos com outras pessoas da família.

Acredito que os relacionamentos com os outros é o aspecto mais desafiador de nossas vidas, porque os relacionamentos revelam o melhor e o pior de nós. Relacionamentos exigem intencionalidade, feedback, amor, sacrifício e, exigem tempo.

Os relacionamentos oferecem oportunidades para outras pessoas olharem para o seu coração e comentarem sobre suas fraquezas. Dependendo do seu nível de relacionamento com eles, você permite que tenham espaço para falarem ao seu coração e sobre o que Deus está fazendo em e através de você. Os relacionamentos são complicados, mas necessários para nos tornarmos quem Deus nos chamou para ser, porque há algumas coisas que não sabemos até que outros nos contem, por isso somos irmãos em Cristo, e Ele é o nosso Pai.

Os americanos, por exemplo, são educados de várias maneiras, mas etiqueta à mesa é algo que nos falta. Quando vim ao Brasil pela primeira vez para visitar minha futura esposa Késia, fomos à melhor pizzaria do Brasil, chamada Muzzarella, que fica em Lages, SC. Quando a pizza chegou, eu imediatamente agarrei-a com as mãos e comecei a comê-la. Todos na mesa, incluindo Késia, olharam para mim como se eu fosse algum tipo bem estranho.

Olhei em volta e percebi que todo mundo estava comendo pizza com garfo e faca! Lembro-me de pensar: quem são essas pessoas que comem pizza com garfo e faca?! No entanto, hoje acho estranho ver americanos na TV comendo pizzas com as mãos! Felizmente, agora sei comer com garfo e faca.

Na verdade, ainda ontem vi no Instagram um pastor americano famoso que sigo comendo um prato especial de arroz na África. Percebi que, apesar de terem colocado garfo e faca na mesa ao lado do prato, ele apenas pegou o garfo e comeu sem usar a faca! "Que estranho", pensei e mandei a foto para minha esposa. Então rimos juntos, porque aquele era eu!

Se ninguém te ensina o que fazer à mesa, então você não sabe o que fazer.

É por isso que os relacionamentos são tão importantes, e precisamos ter relacionamentos com irmãos e irmãs maduros em Cristo. Jesus é o nosso principal exemplo, e Ele nos educou sobre como agir à mesa do Pai, por meio do relacionamento com Ele e com outras pessoas da nossa família.

Os discípulos estão conversando com Jesus na noite anterior à crucificação sobre quem será o maior entre eles. Veja como Jesus os educa:

> *"Também surgiu uma disputa entre eles sobre qual deles deveria ser considerado o maior. E ele lhes disse: "Os reis dos gentios exercem domínio sobre eles, e aqueles que têm autoridade sobre eles são chamados de benfeitores. Mas não é assim com vocês. Em vez disso, deixem que o maior entre vocês se torne como o mais jovem, e o líder como alguém que serve. Pois quem é o maior: aquele que se recosta à mesa ou aquele que serve? Não é aquele que se reclina à mesa? Mas estou entre vocês como aquele que serve. Vocês são aqueles*

que permaneceram comigo em minhas provações, e eu designo a vocês, como meu Pai me designou, um reino, para que vocês possam comer e beber à minha mesa no meu reino e sentar-se em tronos julgando as doze tribos de Israel" (Lc 22:24-30, ARC).

À mesa, aprendemos a ser filhos e filhas interagindo com o resto da família, e essa é uma posição de amor e serviço, não de ser servido. Jesus mostrou que veio para servir, e não para ser servido. Sendo assim, como filhos, devemos imitar seu coração e sua postura.

A maneira como interagimos com nossos irmãos e irmãs à mesa de Deus é tão importante quanto o modo como interagimos com o Pai.

O que fazemos para Deus, devemos fazer também para nossos irmãos e nossas irmãs, pois usso é uma responsabilidade que temos como parte da família de Deus. Sendo assim devemos aprender e crescer em nosso relacionamento não apenas com Deus, mas também com os outros. Aprendendo, crescendo, confrontando e amando uns aos outros como Cristo nos ama, isso é o significado de ser igreja e de sentar-se à mesa com o restante da família.

A MESA DO PAI É UM LUGAR DE CURA

Anos atrás, minha esposa e eu tivemos uma experiência com Deus que impactou para sempre minha perspectiva sobre Ele. Como mencionei antes, nós lideramos o ministério Bethel SOZO aqui no Brasil, e temos o privilégio de conectar pessoas com Deus através de sessões SOZO. Hoje, com a demanda do ministério, trabalhamos principalmente com pastores.

Há alguns anos, estávamos fazendo uma sessão SOZO com um pastor que o levou a admitir que havia sido abusado sexualmente quando criança. As emoções que as pessoas experimentam ao reviver e até mesmo compartilhar suas experiências são muitas vezes avassaladoras, mas sabemos que o Pai sempre tem algo para demonstrar e revelar às pessoas nessas sessões. Assim, à medida que esse pastor continuava a partilhar, continuamos a conectá-lo à voz de Deus Pai, para que Ele pudesse responder-lhe especificamente sobre o que Ele quer dizer.

Esse homem começou a contar que foi abusado sexualmente quando era jovem, e isso afetou todas as áreas de sua vida. Ele nunca se sentiu capaz de compartilhar com seus pais ou com qualquer outra pessoa os horrores disso, mas admitiu que um dia isso simplesmente parou. Ele nos disse que estava sendo abusado um dia e no dia seguinte não mais. Ele não sabia por que parou, mas, durante a sessão, tivemos vontade de perguntar a Deus sobre esse aspecto específico do seu abuso para ver o que Deus queria dizer.

Pedimos a Deus Pai que nos revele a verdade do que Ele gostaria de trazer à luz e se havia alguém a quem precisamos perdoar ou o que quer que seja que Ele desejasse nos mostrar sobre aquela situação. Com os olhos fechados, ele começou a compartilhar conosco o que estava vendo. Ele disse: "Vejo meu pai andando por uma loja e me lembro desse lugar, pois já estive lá muitas vezes quando criança". Pedimos que ele perguntasse a Deus: "Deus Pai, o que há de significativo neste lugar? O que o Senhor quer me mostrar aqui?

Com os olhos ainda fechados, ele começou a sorrir e acenar com a cabeça, e seu rosto mudou de expressão enquanto ele começou a chorar e enxugar as lágrimas dos olhos. Tirando os óculos, ele olhou para Késia e para mim, e então pudemos dizer que Deus estava falando profundamente com ele, revelando verdade e amor. Ele fechou os olhos novamente e disse: *"Deus Pai está me mostrando meu pai terreno nesta loja andando por aí, e então posso ver Deus Pai dizer ao meu pai para parar na seção de meninos e me comprar uma camisa vermelha".* Ele começou a chorar ainda mais e disse: "Lembro-me dessa camisa vermelha; era minha camisa vermelha favorita, eu a usava todos os dias..."

Levantando os óculos para enxugar mais lágrimas, ele tentou falar, mas simplesmente começou a chorar. Pudemos sentir o amor de Deus na sala enquanto ele se recuperava e começava a falar novamente. Ele disse: *"Deus Pai me mostrou que Ele havia dito ao meu pai para me dar aquela camisa como um símbolo profético do sangue de Jesus em minha vida, e mesmo que eu não fosse cristão, o Deus Pai olhava para mim e estava me cobrindo com o sangue de Jesus".* Agora, nós três estávamos chorando juntos, e ele continuou: *"Deus Pai está me mostrando agora mesmo que esse ato simbólico me cobriu com o sangue de Jesus, e daquele dia em diante lembro que nunca mais fui abusado".*

Ao lembrar e escrever essa história, fico comovido até às lágrimas. Na verdade, talvez só tenha compartilhado essa história publicamente algumas vezes, e isso sempre me comoveu, pois me lembro de que nosso Deus Pai sempre nos cobriu na vida, de que Ele sempre esteve lá.

Esta é uma imagem profética de Deus pai em sua vida: Ele usou o primeiro pai desse homem para revelar a natureza protetora de nosso pai celestial. Jamais esquecerei dessa história, e esse é um dos muitos privilégios que tenho em ministrar cura às pessoas. Muitas vezes, experimento mais do Pai pela maneira como Ele ama seus filhos.

Essa é a questão da mesa: quando éramos mais novos e brincávamos fora de casa, sempre sujávamos as mãos, não é mesmo? E antes que sua mãe deixasse você sentar-se à mesa ela mandava você ir lavá-las, certo? No Reino, a mesa do nosso Pai é onde simbolicamente nossas mãos são lavadas. O belo é que não precisamos sair da mesa para nos purificar; é ali, à mesa, que o Pai limpa e cura nossos corações, restaurando nossa inocência. Chegamos à mesa como estamos, mas não ficamos assim, pois na Sua Presença há cura, há transformação, e é na Presença dEle que somos curados e restaurados.

Em outra sessão de SOZO, Carla *(nome fictício)* chegou porque gostaria de experimentar um romper na vida financeira. Por mais que ela trabalhasse duro, até fizesse um bom dinheiro, sempre estava limitada e com dívidas.

Dentro da sessão de SOZO, ela perdoou seu pai terreno por tê-la abandonado, assim como sua mãe, mesmo quando ainda estava no ventre. Renunciamos à mentira que Deus Pai também iria abandoná-la, estava longe, não se importava com ela e não cuidaria dela e das suas necessidades. É incrível como transferimos nossa experiência com nosso pai terreno para nosso relacionamento com Deus Pai, pois são as lentes através das quais conhecemos a vida.

Nessa situação de abandono paterno, a mãe, sozinha para criar os filhos, precisava trabalhar limpando casas, e algum tempo depois começou a se prostituir e levar homens para dentro de casa. Carla era apenas uma menina, e durante a sessão o Espírito Santo trouxe à tona tudo o que ela "testemunhava" dentro de sua casa, pois não havia paredes, apenas cortinas separando os quartos.

Ela também se lembrava de nunca ter recebido um presente, e tudo o que tinha vinha dos irmãos mais velhos, passando por eles antes de chegar a ela. Carla viveu uma vida de muita escassez. Enfim, ela não acreditava que podia confiar em homens, pois pensava que sempre a usariam e a abandonariam. Ela não se achava digna de ser valorizada como mulher. Mesmo hoje, com um bom emprego, o dinheiro não permanecia em suas mãos, e as dívidas só aumentavam.

Quando perguntamos a Deus Pai quais verdades Ele gostaria de trazer a ela, fomos surpreendidos que aconteceu.

Carla se viu como uma menininha, com Deus Pai brilhante diante dela e a convidando para caminhar com Ele. Após algumas relutâncias em acreditar que era um lugar seguro, aquela menininha pegou na mão de Deus Pai e foi com Ele.

Deus Pai a levou numa sala que era linda e tinha uma mesa cheia de comida... e tudo mais que ela nunca tinha visto ou experimentado. Ele a convidou para se sentar em seu colo, e ali ela pôde experimentar o que era um amor de um Pai que nunca havia experimentado antes. Carla se sentiu como a pessoa mais amada e protegida do universo. Deus Pai brincou com ela, comeu com ela e lhe deu presentes. Foi tão lindo quando Deus Pai disse que nunca lhe faltaria nada e que não havia desperdício, mesmo com tanta abundância à mesa. Ela estava suprida de todas as formas. Deus Pai revelou a verdade de que ela era digna e merecedora. Ela podia ver Jesus sentando-se à mesa e sorrindo para ela, enquanto o Espírito Santo a confortava. Deus Pai a levantava e empoderava como filha amada, mostrando-lhe o quanto ela tinha valor. Ah! E não acabou ali não... Deus Pai disse que naquela mesa havia um lugar para ela, e ela sempre poderia se sentar ali e usufruir de tudo. Era dela!

Uma experiência pode trazer traumas, vergonha, condenações, medo, dores, mentiras etc., mas uma experiência com Deus Pai traz transformação e vida. É muito mais do que descobrir o que está em nosso inconsciente ou saber o porquê de algumas crenças/mentiras e de alguns comportamentos disfuncionais. E aí, muitos se perguntam: e agora o que eu faço com tudo que sei e que está lá?

Quero lhe dizer que tudo se transforma e que é impossível continuarmos sendo as mesmas pessoas quando temos uma experiência com Ele, quando somos supridos nEle e quando temos relacionamento e conexão com aquele que faz todas as coisas novas!

A MESA É UM LUGAR DE AVENTURA

Acho que uma das frustrações ou desafios que temos ao assumir o nosso lugar à mesa com o Pai é que isso nos deixa desconfortáveis. Dependendo da nossa experiência de vida, talvez a mesa não seja um lugar para aprender, desfrutar ou passar tempo conectando-se. Talvez a mesa não existisse na sua família, ou talvez fosse apenas um lugar de correção, decepção e raiva.

Entretanto, devemos ter uma nova perspectiva da mesa com o Pai. Porém devemos remover o aspecto negativo da mesa e obter a perspectiva do Pai sobre o que ela pode ser para nós. Vejo a mesa como um lugar de novas experiências, de partilha, de histórias e até de partilha de sonhos e desejos. As conversas à mesa são geralmente as mais expressivas, mais duradouras e mais reais.

Uma das coisas que minha família e eu adoramos fazer é viajar e conhecer novas culturas. Já estive pessoalmente em cerca de quarenta países, e gosto muito de novas experiências em diferentes países, especialmente com comida. Às vezes, você não tem ideia do que está pedindo ou do que está prestes a experimentar, mas essa é a aventura de tudo.

Eu vejo a vida como uma linda aventura com Deus Pai, o qual está te convidando para novas experiências, e para provar e ver que Ele é bom, e para ampliar seu paladar se quiser e expandir seus horizontes. Quando penso na mesa do Pai, não é apenas um local para comer e conversar, mas também um local de aventura e estratégia. Um lugar onde Deus nos convida para a sua aventura e nos dá os mandamentos que Ele tem para nós. Eu me imagino sentado à mesa do Pai com um mapa e uma bússola planejando a próxima viagem e aventura com Ele.

As mesas ao longo da história têm sido locais de planejamento, elaboração de estratégias e até mesmo de negociações. Acredito que, se olharmos para a mesa do Pai como um lugar de oportunidade e aventura com Ele, isso abrirá os nossos olhos para vermos os planos que Ele tem para nós. Na verdade, neste lugar e nesta mesa com Ele podemos interagir e receber novos insights e sabedoria. É à mesa, através do relacionamento com Ele, que a aventura continua. Para mim, servir a Deus e expandir Seu reino é a maior aventura de nossas vidas, e Ele tem planos em Sua mesa para compartilhar com você sobre Seu reino.

AO ENCERRARMOS

Estou escrevendo este capítulo final na nossa igreja, em Florianópolis, Brasil , sentado em uma daquelas cadeiras com mesa de plástico baratas que temos aqui no Brasil. Aquelas que têm quatro lados, mas não têm espaço suficiente para quatro pratos de comida. Depois de lutar com Deus nas últimas semanas sobre como terminar este livro, encontro-me aqui, nesta pequena mesa, sozinho na casa do meu Pai. E neste lugar sinto que o Pai está perto, que Ele está comigo e que tenho Sua atenção.

Você tem que entender que estar sozinho na casa de meu Pai, a igreja, não é estranho para mim. Meu pai era pastor, lembra? Diante de tudo que ele havia vivido e das minhas próprias experiências não tão positivas com a igreja, nunca imaginei que um dia me tornaria pastor, muito menos que amaria minha igreja. No entanto, aqui estou, como pastor sênior e fundador da Younity Church, ao lado de minha esposa, Késia.

Deixe-me explicar a você por que estar sozinho na casa de Deus não é estranho para mim. Quando eu era criança, por volta dos oito anos, minha família frequentava os cultos da igreja; eu observava o baterista tocar a música de adoração e o acompanhava batendo na cadeira à minha frente, tentando acompanhar seu ritmo, e fazia isso todos os domingos. Um dia, percebi que, como filho do pastor, morava atrás da igreja e meu pai tinha as chaves da igreja. Dentro da igreja, há uma bateria, e ninguém saberá que estou lá, muito menos que estaria tocando a bateria.

Então, comecei a pegar as chaves do meu pai para ir à igreja depois da escola, quando não havia ninguém por perto, e comecei a tocar bateria. Eu colocava uma fita cassete de música de adoração e simplesmente tocava junto com a música, sem saber realmente o que estava fazendo. Na verdade, esse desejo de tocar bateria quando criança se transformou em um desejo de adorar a Deus, de modo que hoje, cada vez que toco bateria, experimento a Presença do Pai, pois construí uma história sozinho com Ele em Sua casa.

Lembra-se de anteriormente eu relatei que fui assaltado com uma faca dentro da minha casa? Aquela casa ficava atrás da igreja, e o inimigo usou esse evento traumático para me manter longe da igreja, longe da Presença de Deus, da Sua mesa e do meu propósito por tanto tempo. Muitas das minhas dores de infância vieram da igreja, e acabou tornando mais difícil para mim ocupar meu lugar na mesa do Pai.

Assim como aconteceu comigo, talvez a dor da igreja também tenha impedido você de sentar-se à mesa. Mas Deus em Sua bondade faz isso: Ele pega tudo de errado e doloroso que nos aconteceu e corrige tudo novamente. Tudo o que o inimigo tenta usar para nos destruir, o Pai usa para o nosso bem. E hoje, sou pastor, mas, mais do que isso, sou um filho e um irmão que conduz outros irmãos e irmãs aos seus lugares à mesa dos Pais.

Não permita que o inimigo o afaste do seu devido lugar, tendo sempre em mente que não é o Deus Pai quem nos afasta; além disso jamais se esqueça de que a porta está aberta e que seu lugar à mesa está sempre disponível. Eu desprezo veementemente quando as pessoas dizem "Eu não sou digno de x, y, z", pois, ao aceitarmos isso, é como se disséssemos que Jesus pagou um preço com sua vida e com seu sangue por pessoas indignas. Portanto, jamais se esqueça de que é digno de assumir o seu lugar à mesa com seu Pai e entre seus irmãos e irmãs em Cristo. Enfatizo: você é digno.

Gostaria de encerrar com esta oração. Na verdade, não é minha oração, é o que Jesus orou por você e por mim enquanto se preparava para morrer. Ele orou isso logo antes de ir ao jardim e ser levado para ser crucificado. Ele disse:

> *"E peço não só por estes discípulos, mas também por todos aqueles que um dia acreditarão em mim através da sua mensagem. Oro para que todos eles se unam como um, assim como você e eu, Pai, estamos unidos como um. Oro para que eles se tornem um conosco para que o mundo reconheça que você me enviou"* (Jo 17:20-21).

Pela mesma glória que você me deu, eu dei a eles para que eles se unissem como um só e experimentassem a mesma unidade de que desfrutamos.

Você vive plenamente em mim, e agora eu vivo plenamente neles, para que experimentem a unidade perfeita e para o mundo se convença de que você me enviou, pois verão que você ama cada um deles com o mesmo amor apaixonado que você tem por mim.

Deus Pai, peço que permita que todos que você me deu estejam comigo onde estou! Assim, eles verão toda a minha glória – o mesmo esplendor que você colocou sobre mim porque me amou antes mesmo do início dos tempos. Você é meu justo Pai, mas o mundo incrédulo nunca o conheceu da maneira perfeita como eu o conheço! E todos aqueles que acreditam em mim também sabem que você me enviou!

"Eu revelei a eles quem você é e continuarei a torná-lo ainda mais real para eles, para que possam experimentar o mesmo amor infinito que você tem por mim, pois o seu amor agora viverá neles, assim como eu vivo neles!" **(Jo 17:20-26)**

"Olhe! Paro na porta e bato. Se você ouvir minha voz e abrir a porta, entrarei e comeremos juntos como amigos" **(Ap 3:20)**

Este é o seu convite à mesa que está em aberto, pois Jesus fez o caminho, e agora o Pai está esperando por você em Sua mesa...

Prepare-se para a maior aventura de sua vida!